Piccoli e Grandi *manuali*/ 40

Piccoli e Grandi
manuali

Cheryl Tuttle, Penny Paquette
So leggere!

Eva Zoller
I nostri piccoli filosofi

Paola Santagostino
Come raccontare una fiaba

Cheryl Tuttle, Penny Paquette
So scrivere!

Dorothée Kreusch-Jacob
La fabbrica dei suoni

Gisela Preuschoff
Come capire e risolvere le paure dei bambini

Cheryl Tuttle, Penny Paquette
So contare!

Evi Crotti, Alberto Magni
Come interpretare gli scarabocchi

Paola Santagostino
I perché dei nostri bambini

Jean-Claude Olivier
Giochi di lotta

Erina Fazioli Biaggio
Bambini davanti alla TV

Earl A. Grollman
Perché si muore?

Helga Gürtler
I bambini hanno bisogno di regole

Hermann Krekeler
Che disordine!

Vicki Lansky
Come dire al vostro bambino 'Ti voglio bene'

Paola Santagostino
Come crescere un bambino sicuro di sé

Annegret Weikert
Piccoli riti di ogni giorno che aiutano a crescere

Vicki Woolf
Giochi di movimento con i nostri bambini

Vicki Lansky
Come essere una mamma davvero speciale

Vicki Lansky
Come essere un papà super

Gisela Eberlein
Le fiabe che rilassano

Nessia Laniado
Mamma, me lo compri?

Nessia Laniado
Parolacce e rispostacce

Nessia Laniado, Gianfilippo Pietra
Le bugie dei bambini

Barbara Briddock
Genitori felici e bambini contenti

Nessia Laniado, Gianfilippo Pietra
Rubabandiera

Nessia Laniado
Come insegnare l'intelligenza ai vostri bambini

Evi Crotti, Alberto Magni
Bambini e paure

Nessia Laniado
Mamma, non ho sonno

Nessia Laniado
Bambini irrequieti e genitori disperati

Nessia Laniado
Bambini gelosi

Nessia Laniado, Gianfilippo Pietra
Mio figlio mangia solo schifezze!

A cura di Arve Mathisen
Come sviluppare tutti i talenti del bambino

Grazia Honegger Fresco
Essere nonni

Pam Spurr
Mamma, ho fatto un sogno

Pierre Poquet, François Gardair
Giochi, giocattoli e carezze

QUESTO LIBRO

Un sondaggio svolto nel 2000 ha rilevato che solo il 6% dei genitori è convinto che lavoro e famiglia siano ben conciliabili, mentre la stessa percentuale sostiene che le due cose sono assolutamente incompatibili. Nel mezzo, l'88% degli intervistati, soprattutto donne, è disorientato: confessa di non avere una risposta. Sente però la fatica e la preoccupazione di lavorare a tempo pieno ed essere genitori part-time.

- È possibile garantire uno sviluppo armonico del bambino pur essendo fuori casa tutto il giorno?
- Come superare il senso di colpa che ci condiziona rendendoci talvolta prigionieri dei ricatti dei nostri bambini?
- Infine, il dubbio più grande: chi lavora a tempo pieno può essere, nonostante tutto, un genitore a tempo pieno?

Questo libro cerca di rispondere, con serenità e pacatezza, ai tormenti e alle perplessità dei genitori che lavorano troppo.

L'autrice

Nessia Laniado, giornalista, ha seguito studi di filosofia e psicologia ed è esperta di storia della gastronomia.
Già direttore di 'Donna e Mamma' e 'Insieme', oltre che caporedattore di 'Nuova Cucina', è autrice di opere a carattere divulgativo sulla salute.
Con Gianfilippo Pietra ha scritto *Alimenti super della salute*, pubblicato da red nella collana 'L'altra medicina'.

Suoi sono anche *Mamma, me lo compri?*, *Parolacce e rispostacce*, *Le bugie dei bambini*, *Rubabandiera*, *Come insegnare l'intelligenza ai vostri bambini*, *Mamma, non ho sonno*, *Bambini irrequieti e genitori disperati*, *Mio figlio mangia solo schifezze!*, *Bambini gelosi*, tutti pubblicati da red in questa stessa collana.

Revisione redazionale di Angela Giaccardi.
Illustrazioni di Carlo Stanga.

Piccoli e Grandi
Periodico mensile registrato con il numero 18/89 presso il Tribunale di Como; numero 40/2003.
Direttore responsabile: Silvano Boroli.
Fotocomposizione: Graphostudio, Milano.
Stampa: LVG, Azzate (VA).

Anno 07 06 05 04 03
Edizione VI V IV III II I

www.red-edizioni.it
info@red-edizioni.it

Nessia Laniado

Quando mamma e papà lavorano molto

edizioni
red!

Perché questo libro

«Ho allevato tre figli, ed ero fuori di casa per lavoro tutto il giorno...»
«Ma come facevi?»
«Facevo.»

Un frammento di conversazione colto mentre, pigiata in un autobus sovraccarico, cercavo di arrivare all'uscita, in tempo per scendere e correre in ufficio prima che la lancetta dell'orologio oltrepassasse il limite delle 9.
A distanza di 20 anni, non sono ancora riuscita a dimenticare le parole e la faccia stinta di quella donna affaticata, ma con un guizzo ironico negli occhi.

«*Come facevi?*» «*Facevo*.» Una risposta che chiudeva il discorso. L'affermazione di uno stato di fatto. La presa d'atto di una situazione che non può essere messa in discussione.
Ricordo che, un attimo prima di scendere, con la faccia schiacciata contro il muro impenetrabile costituito da un gigantesco passeggero, riuscii ancora a lanciare uno sguardo alla donna del «*facevo*». Non riuscivo a decifrarne l'età: poteva avere 40 o forse 60 anni.

Mentre mi accingo a scrivere questo libro, non riesco a liberarmi dal ricordo di quell'episodio. Che cos'è cambiato da allora?
Molto, nonostante tutto.
20 anni fa il titolo del libro sarebbe stato *Mamme che lavorano*: allora, ben pochi riuscivano a immaginare che il lavoro, o comunque la lontananza dai bambini, potesse essere anche un problema del padre.
A quel tempo non era concepibile pensare che la legge potesse garantire anche al papà il diritto di prendersi cura del bambino avvalendosi del congedo di paternità. Oggi, i padri si trovano sempre più coinvolti nel rapporto con i figli, mentre molte mamme svolgono lavori che un tempo erano esclusivo appannaggio dei maschi e che richiedono un impegno senza limiti di orario. Con sempre maggiore

frequenza, si pone il problema di come due genitori assorbiti da una miriade di impegni esterni possano gestire il rapporto con i figli.

- Come riuscire a barcamenarsi? A evitare di essere dilaniati tra carriera e famiglia? Ma soprattutto, a non soccombere ai sensi di colpa e ai ricatti affettivi dei figli?

Lavoro e famiglia sono conciliabili?

Un sondaggio realizzato dal Centro Studi di Prénatal ha rivelato che solo il 6% dei genitori è convinto che lavoro e famiglia siano conciliabili, mentre la stessa percentuale sostiene che le due cose siano assolutamente incompatibili. Nel mezzo, l'88% degli intervistati è disorientato: confessa di non avere una risposta.
Sente però che è terribilmente faticoso avere un lavoro e occuparsi dei bambini, lavorare a tempo pieno ed essere genitori part-time. Eppure, nessuno rinuncerebbe alle scelte fatte.

E così, ogni mattina, un'immensa folla di mamme, papà, passeggini, fagotti, cappotti, bambini, merende e valigette si mette in moto, 'clacsonando' e sbuffando, per raggiungere nonni, scuole, nidi, baby-sitter. Combattuti tra desiderio di affermazione, sensi di colpa, necessità di denaro, si è sopraffatti da un'overdose quotidiana di stress che logora i rapporti all'interno della famiglia, esaurisce le riserve di sopportazione ed erode gli argini che proteggono dalla depressione.

Oggi, le più esposte al 'male oscuro', secondo i risultati di una ricerca approfondita dell'American Psychological Association, non sono più le casalinghe, ma le donne sposate con uno o più figli, in particolare le laureate e le diplomate.

Osserva la sociologa Chiara Saraceno: «In un arco di tempo breve si è passati da un modello di donna di tipo ottocentesco alla cosiddetta 'donna emancipata'. In compenso, però, la società ha continuato a funzionare come se le donne fossero tutte casalinghe, come se valesse ancora la vecchia divisione tra uomini che lavorano e donne che badano alla casa e ai bambini».

Dopo le 8 ore di lavoro, è 'normale' che siano le donne a parlare con gli insegnanti, a fare la coda dal pediatra, a ritirare i documenti in Municipio, a organizzare le feste di compleanno, a litigare con l'assistente sociale, a fare la spesa il sabato mattina... È quello che gli studiosi definiscono '*il terzo tempo*', che si aggiunge a quello del lavoro e del riposo. E se gli uomini, secondo i dati Istat, in media regalano 50 avari minuti al giorno al 'terzo tempo', le donne vi dedicano fino a 4 ore e mezzo.

Ogni mattina si mette in moto una folla di mamme, papà, passeggini, bambini, valigette...

Mi sento sempre in debito con tutti: con i figli e con il marito, a cui vorrei dare più tempo, con il lavoro a cui vorrei dedicare più energie.
(Silvia, segretaria di direzione, madre di due bambini)

Queste parole esprimono il disagio di molte donne. Ma di quale debito si sta parlando?

«Ogni tanto, vorrei riuscire a fare una torta per i miei piccoli...»

«A volte, mi vergogno tremendamente per le cene frettolose che infliggo alla mia famiglia...»

«Con i bambini, non ho mai pazienza...»

Al coro, ogni tanto si unisce la voce di un 'nuovo' papà.

«Ho messo al mondo due figli, e va a finire che li vedo solo quando dormono già nei loro lettini.»

- È possibile garantire uno sviluppo armonico del bambino pur essendo fuori casa tutto il giorno?
- Come superare il senso di colpa che ci condiziona rendendoci prigionieri dei ricatti dei nostri bambini?
- E poi, è proprio vero che, potendo, restare a casa sia ai nostri giorni la soluzione migliore?
- Infine, il dubbio più grande: chi lavora a tempo pieno può essere, nonostante tutto, un genitore a tempo pieno?

Sono queste alcune delle domande a cui questo libro tenta di rispondere, cercando di ascoltare i tormenti, le perplessità, le intuizioni e le soluzioni dei protagonisti.
Per dare espressione e concretezza a quel «*facevo*» udito nella calca di un autobus milanese, 20 anni fa.

Divisi tra lavoro, figli e ruoli

Non riesco a fissare con precisione il tempo che dedico al mio bambino. Me ne occupo mentre faccio altre cose: stiro, metto in moto la lavatrice, preparo da mangiare, mi lavo i capelli, parlo al telefono... Ogni giorno ho l'impressione di dover combattere contro l'orologio. Sempre sottoposta alle richieste di chi mi vorrebbe in proprietà esclusiva: la ditta per cui lavoro, il figlio e il marito: in ordine di avidità!

(Nadia)

«Mentre mi occupo del bambino, squilla il telefono, suonano alla porta, devo sbrigare le faccende domestiche...»

Ero in ritardo. Il piccolo di 2 anni piangeva, l'altro di 5 si rifiutava di alzarsi. È stata una lotta per vestirli, pettinarli e convincerli a bere il latte. Li ho acchiappati entrambi, mettendomeli sotto il braccio come due pacchi. Sono riuscita ad aprire la portiera della macchina e ad infilarli nei loro sedili di sicurezza per portarli all'asilo. Quando sono arrivata in ufficio, avevo i nervi a pezzi e pensavo che, finito il lavoro, avrei dovuto ripetere tutta questa scena all'indietro…

(Giulia)

Una vita 'a strati', con troppi ruoli da conciliare. Qualcuno si è preso la briga di fare i calcoli: la tipica madre che lavora passa il 41% della sua giornata in ufficio o in fabbrica e sui mezzi di trasporto, dedica il 16% alle faccende domestiche, il 29% al sonno e soltanto il 14% ai bambini,

al marito, a se stessa. Risultato: facendo bene i conti, e sommando il lavoro fuori casa con quello domestico, in un anno le donne sono impegnate mediamente un intero mese più dei loro compagni.
E dal momento che è difficilissimo riuscire a soddisfare tutte le richieste nell'uno e nell'altro ambito, ecco che nasce il senso di colpa.

> *Me ne sento addosso tanto, per l'immenso sforzo di organizzare la vita, per far fronte a tutte le emergenze che ricadono su di me. Mi sento sempre in debito verso qualcuno: i bambini perché li vedo poco e male, il lavoro perché non riesco a concentrarmi su un progetto, ma nemmeno sulla lista della spesa, mia madre perché non trovo nemmeno il tempo di comprarle il regalo di compleanno. E perché no? Anche verso me stessa! Sono mesi che non riesco a mettere piede dal parrucchiere.*
> (Annamaria, grafica pubblicitaria)

«Una madre che lavora è colpevole?» si domanda la psicologa Sylviane Giampino, e poi risponde: «Sì per due ragioni: perché è madre e perché è donna. E una madre che *non* lavora è colpevole? Sì per le stesse due ragioni».
Uno scacco matto. Qualsiasi sia la decisione che prende, la donna è prigioniera della sua colpa. Si sente colpevole perché è assente da casa, oppure perché rinuncia al suo futuro professionale, a esprimere se stessa, e anche a un reddito.

Le radici del senso di colpa

Per un padre la situazione è diversa. Difficilmente è sfiorato dal dubbio o prova rimorsi. Anche se per improbabili motivi dovesse scegliere di stare in casa per curare i figli, non sarebbe sommerso da sensi di colpa. Si angoscerebbe per la mancanza di soldi, ma non penserebbe mai che questa scelta possa essere considerata una colpa. Tutt'altro. Sarebbe orgoglioso di potersi permettere il lusso di essere, contemporaneamente, padre e madre.

«*Gli uomini sono fatti per lavorare e le donne per starsene a casa*», si diceva un tempo.
Oggi, nessuno osa più riproporre le antiche certezze.

Eppure, la maggior parte delle donne non riesce a liberarsi da un senso indefinito di disagio che attinge a diversi livelli di profondità. Vediamo quali sono questi livelli.

«Decidi tu!»

Dai padri, il lavoro è considerato *«l'attività primaria, se non esclusiva»*. In *tutte* le madri, invece, la scelta tra lavoro e famiglia provoca lunghe e complesse risposte: non si tratta mai di una questione puramente economica, ma di un aggrovigliato problema psicologico.

«*Decidi tu*» è la classica risposta maschile alla moglie che si chiede che cosa fare: continuare a lavorare o lasciar perdere. Apparentemente aperta, disponibile, generosa, questo tipo di risposta non entra nei dettagli, nelle condizioni e nelle conseguenze della scelta: chi si prenderà cura del bambino quando la mamma è fuori? Nel dire: «*Decidi tu*», nel cervello dell'uomo raramente balena la possibilità che possa essere lui a rimanere a casa qualora gli impegni esterni della moglie siano più urgenti dei suoi.

In un sondaggio pubblicato dalla rivista americana 'Parents', alla domanda: «*Come pensa di organizzare la sua attività professionale dopo la nascita del figlio*?» il 98% dei papà confessava: «*Non ci ho pensato*». Ma nemmeno viene presa in considerazione l'ipotesi di alternarsi con la mamma nel caso il bambino sia malato: nonostante oggi la legge preveda anche per l'uomo permessi retribuiti per accudire i figli, secondo i dati Istat solo il 6% dei papà si avvale di questa nuova opportunità.

Se questi dettagli non sono affrontati, il: «*Decidi tu*», tradotto, significa: «*Ora che devi prenderti cura del piccolo, dovrai anche arrangiarti per risolvere tutti i problemi, ottenere i permessi al lavoro, giustificare le assenze, alzarti la notte, portarlo dal pediatra, trovare la baby-sitter, cercare posto all'asilo e, naturalmente, continuare a preparare la cena...*»
Nella quasi totalità dei casi, questi aspetti dell'*accordo* sono sottintesi, non sono chiariti e, spesso, neppure coscientemente pensati.

L'unica 'alternativa' della madre consiste nel sobbarcarsi tutto il peso del nuovo venuto, oppure nel rinunciare al posto di lavoro. Sola nel prendere una decisione che può drammaticamente cambiare il corso della sua vita, si sente inadeguata e colpevole.

«Mia moglie aspetta un bambino...»

«Un bambino,» sostiene la grande psicanalista francese Françoise Dolto, «è la congiunzione di tre desideri: quello della donna, quello dell'uomo e quello del bambino.»

Ma, in molti casi, non è affatto così. «*Mia moglie aspetta un bambino*», dicono al bar. Cose da donne.
L'uomo non c'entra, e tanto meno il nascituro.
E così, la donna viene assalita dai dubbi: «*Sarò all'altezza del compito? Ce la farò a star dietro a tutto? Senza il mio stipendio, riusciremo a tirare avanti?*»
Sono domande pesanti, di cui spesso solo lei deve accollarsi l'onere di trovare una risposta.

«Non è normale.»

> *Devo lavorare perché i soldi in casa non bastano mai e poi, a dire il vero, mi piace. Lavorando con gli altri, ho le mie soddisfazioni. Eppure, ho sempre l'impressione di togliere qualcosa ai miei figli.*
> (Marcella)

> *Quando la mattina chiudo la porta alle mie spalle non riesco a impedirmi di pensare che sto privando il mio piccolo della insostituibile presenza della sua mamma, nonostante lui non dia alcun segno di privazione affettiva, nonostante la psicologa del Comune mi abbia assicurato che all'asilo è perfettamente inserito e nonostante la baby-sitter serale mi dica che si divertono come matti.*
> (Daniela)

Malgrado siano consapevoli di tutto questo, molte donne faticano ancora a fare i conti con la complessità del proprio ruolo. Si tormentano nel chiedersi se è *normale* essere soddisfatte sul lavoro e, al tempo stesso, considerarsi madri affettuose in famiglia.

Eppure, paradossalmente, sempre secondo i risultati di numerose ricerche, risulta che le mamme impegnate in un lavoro esterno sono più attente alla situazione psicologica dei figli rispetto a quelle che stanno a casa. Proprio perché sanno di non poter stare con loro quanto vorrebbero, sono più sensibili alle reazioni dei bambini e, qualora lo ritengano necessario, hanno meno remore nel ricorrere all'aiuto di uno psicologo. Non hanno, insomma, la sindrome della *supermamma*: sanno di non poter fare tutto da sole.

Spiega lo psicologo Giovanni Marcazzan: «Per la crescita armoniosa del bambino ciò che conta è l'atteggiamento dei genitori nei confronti della loro scelte. Un bambino non viene al mondo con idee preconcette del tipo: '*È normale,* oppure *non è normale,* che la mamma lavori, o che il papà stia fuori di casa per intere settimane'. Certo, vorrebbe sempre i genitori tutti per sé. Ma crescere significa anche diventare psicologicamente autonomi, superare cioè la sofferenza che la perdita di un rapporto esclusivo può comportare».

Una ricerca lunga e significativa

Il *National Longitudinal Survey of Youth*, uno studio condotto dall'US Department of Labor, Bureau of Labor Statistic negli Stati Uniti dal 1979 al 2001 su un campione di 12 600 persone di età compresa tra i 14 e i 22 anni, ha tratto le seguenti conclusioni:

- per ciò che riguarda la capacità di lavorare con gli altri, lo sviluppo intellettivo, la sicurezza personale e i risultati scolastici, non esiste alcuna diversità tra i figli delle donne che nei primi 3 anni di vita del bambino sono state fuori casa per lavoro e quelli delle casalinghe.

Lo studio, il più vasto finora condotto, smentisce i risultati contraddittori di altre ricerche precedenti.
La psicologa Elizabeth Harvey dell'Università del Massachusetts, che ha condotto l'indagine, ha rilevato che, in alcuni casi, nei primissimi anni di vita i bambini delle mamme che tornano tardi a casa la sera possono presentare un linguaggio leggermente meno ricco. Il lievis-

simo vantaggio iniziale dei bambini accuditi a casa dalla madre sparisce completamente quando i piccoli raggiungono i 4-5 anni di età.

Due grandi malintesi

Dopo la seconda guerra mondiale, lo psicologo americano R.A. Spitz inventò l'espressione *depressione anaclitica* per descrivere la depressione causata dal ricordo di un amore del passato. Lo studioso si riferiva alla condizione di quei bambini che, rimasti orfani, erano stati ricoverati in orfanotrofi. Vestiti e ben nutriti, cadevano tuttavia in uno stato di depressione profonda: avevano bisogno di coccole. Spitz chiese allora alle puericultrici di prenderli in braccio, di parlare loro, di accarezzarli e di baciarli. Come d'incanto, i piccoli ripresero a fiorire, liberandosi in poco tempo della depressione.

Da quel momento, gli psicologi cominciarono a porre l'accento sugli effetti devastanti della carenza affettiva.
Ma, nell'entusiasmo della loro scoperta, tirarono una serie di conclusioni che ancora oggi, a distanza di anni, sono all'origine della convinzione per cui si ritiene indispensabile la costante presenza fisica della mamma per lo sviluppo psicologico ed emotivo del bambino.
In particolare, si tratta di due malintesi.

- **Il primo malinteso** è di identificare le *carenze affettive* con le *carenze materne*. Dato che i bambini degli orfanotrofi postbellici erano rimasti senza mamma, si è concluso che la loro depressione fosse originata da quest'assenza e, di conseguenza, che la presenza della mamma fosse indispensabile per l'equilibrio psicologico di questi bambini. Ma l'esperimento di Spitz dimostra esattamente il contrario: è bastato che le puericultrici cominciassero a coccolare gli orfanelli perché questi riacquistassero la loro vivacità.

In tempi recenti, sono stati gli psicanalisti francesi Jacques Lacan e Françoise Dolto a sottolineare l'importanza di altre figure nello sviluppo affettivo e psicologico del bambino: il padre, i nonni, i fratelli, ma anche gli amici del bambino, le 'tate' e le puericultrici. A riprova di quest'affermazione, la Dolto riferisce un'esperienza personale: quando aveva pochi mesi si ammalò gravemente dopo che la mamma aveva bruscamente licenziato la sua bambinaia, cui era affezionatissima.

- **Il secondo malinteso** è di identificare l'*assenza materna* con la *carenza materna*. Una mamma può essere fisicamente assente, come nel caso di tutte le donne che lavorano fuori casa, ma al tempo stesso essere affettivamente e simbolicamente presentissima.

«Le donne preoccupate dei propri bambini e impegnate in una vita professionale hanno sviluppato l'arte di inventare un legame a distanza», scrive Sylviane Giampino nel suo libro *Le mamme che lavorano sono colpevoli?*

Spesso, proprio perché si sa di avere poco tempo a disposizione per i bambini l'intensità del rapporto che si riesce a stabilire nei momenti in cui si sta insieme è particolare, così come particolari sono le attenzioni nello scegliere le persone a cui affidare il bambino e l'insistenza perché il marito, i parenti, le baby-sitter siano tutti coinvolti nella sua educazione.

I nuovi papà

Oggi sono molti gli uomini che, dopo anni dedicati soprattutto al lavoro, hanno scoperto che non è il lavoro a contare di più nella vita.

Uomini che si commuovono davanti a un 'batuffolino' appena nato e seguono con il fiato sospeso le tappe della nuova vita, il primo sorriso, la prima parola, i primi passi traballanti.
Capaci di rinunciare a un avanzamento nella carriera per non essere costretti a stare troppo lontani dai figli.

Sabato scorso mamma ha detto a papà: «Io vado a fare la spesa, dài un occhio alla bambina». Papà ha cominciato a leggere il giornale e io ho mangiato un vasetto di olive.
La mamma tutta arrabbiata ha detto: «Ma devi stare attento, capito? Qui non sei mica in ufficio».
(Lucia, 5 anni)

Anche per i padri si parla di un cambiamento nella qualità del rapporto padri-figli. Da numerose ricerche risulta infatti che gli uomini meno collaborativi, quelli che aspettano che la cena sia pronta senza fare nulla, lasciano i calzini per terra, giocano un minuto con i bambini e poi si siedono davanti alla televisione, sono quelli tra i 40 e i 55 anni. I più giovani, invece, sono sempre più convinti che il rapporto di coppia debba essere alla pari, con ruoli e mansioni equamente divisi, anche se, per quanto riguarda la cura dei figli, ancora tendono a delegare alle mamme.

STORIE DI VITA

«Stasera lo tengo io!»

Quando mia moglie aspettava il nostro bambino, decidemmo di dividerci gli impegni che avremmo dovuto affrontare. Fu una trattativa lunga, ostinata, puntigliosa. Lo scontro scoppiò sui pannolini. Io mi offersi di cambiarlo, «ma solo i pannolini della pipì», volli precisare, «gli altri no». Mi sembrava una grande concessione.
«Già, perché credi che io sia diversa da te?!»
«Senti,» cercavo un tono conciliante, «è più forte di me, ma proprio non ci riesco. In fin dei conti, quanti sono i papà così disponibili? Mi sembra che...»
«Gli sembra! Cosa ti sembra, una concessione, vero? Lui si degna, io invece, naturalmente... devo! E dovrei anche dirti grazie!»

Andò avanti tutta la sera, con strascichi notturni, malumori mattutini, bronci interminabili.
Alla fine cedetti. Contrito, e poco convinto sulle mie capacità di riuscire a vincere l'imbarazzo. Immaginavo conati di vomito, svenimenti.

Poi è arrivato Marco, un bel maschietto con due vispe gambette che mi calcia contro ogni volta che cerco di appioppargli il pannolino. Nell'operazione sono diventato esperto.
Di notte mia moglie lo allatta, ma io glielo porto e lo cambio. Mi sento bravo.

Una sera ho voluto strafare: «Amore, perché non esci con le tue amiche? Al bimbo ci penso io».
Lei è uscita. Con Marco in braccio tutto per me, mi sento realmente responsabile. Guardo l'orologio in continuazione. Alle 19.55 scatta l''operazione pappa': sterilizzare, preparare la soluzione, scaldare e dare la poppata. Semplice.
Panico! Il barattolo del latte in polvere è vuoto. Sarà nella credenza. Niente. Un fiotto di improperi mi fa alzare la pressione: 'Possibile che lei non pensi a tenere delle scorte?'

Cerco per tutta la casa, nella camera del bambino, tra le bottiglie di liquore, nel cassetto delle lenzuola. Forse è sul balcone per tenerlo al fresco? Cerco di chiamare mia moglie sul cellulare, ma è spento: è a teatro.
Telefono a mia madre. Mi intrattiene per mezz'ora, dicendo che è una vergogna che una mamma lasci solo un uomo con un bambino di pochi mesi («Ma io sono suo marito!» ribatto).
Marco a questo punto comincia a urlare. Metto giù la cornetta. Bisogna andare in farmacia.

Ho sempre avuto problemi con la tutina. Prima infilo le gambe nelle maniche, poi mi accorgo che l'ho messa alla rovescia, alla fine rinuncio ad abbottonarla: ho le mani troppo grosse per i bottoncini a forma di banana.

Dalle 20 alle 21 nemmeno le farmacie notturne sono aperte. Giro mezza città, poi decido che è più semplice aspettare le 21. Marco dimostra capacità vocali insospettate e continua a strillare anche quando riesco, finalmente, a preparargli la pappa e ad infilargli il biberon in bocca.

In quel momento suonano alla porta. Cerco di zittirlo. Impresa disperata. Mi faccio coraggio e apro: si affaccia la vicina di casa, una vecchia lugubre e impicciona. «È successo qualcosa?» mi domanda. «Niente, signora, il piccolo è un po' agitato.»
I suoi occhi mi scrutano con l'aria di chi la sa lunga, indagano cercando di penetrare il buio delle altre stanze.

Credo di scorgere un sorriso di commiserazione, poi se ne va brontolando qualcosa sulle mamme sciagurate.
A mezzanotte, quando rientra mia moglie, Marco urla ancora. Lei lo prende in braccio: «Ma non vedi che è bagnato?» È vero, e non me ne sono accorto. Nella furia di andare in farmacia mi sono dimenticato di cambiargli il pannolino. Come d'incanto, Marco non piange più. Con la testina sul seno di lei torna tranquillo.
«E il latte?» dico io, per cercare di darmi un contegno.
«È al suo posto», risponde lei, e dallo scaffale della cucina tira fuori un barattolo pieno.

«Lo vedi?» mi dice. «Se non ci sono sempre io a gestire le situazioni, tu anneghi in un bicchier d'acqua.»

Quando ci si sente inadeguati

«Non sono una buona madre, non mi vede mai...»

«L'abbiamo lasciato troppo con la baby-sitter...»

«Da quando io e mia moglie ci siamo separati, non ha più una vera famiglia...»

«Non ho avuto pazienza, ero così stanca!»

«Tra casa, lavoro e figli, mi sento sempre nel posto sbagliato...»

Il posto della mamma è a fianco del bambino...

Al dispiacere di essere lontane dai figli si unisce un senso di inadeguatezza che ha le sue radici in alcuni tenaci preconcetti da cui le stesse madri trovano difficile liberarsi, e che possono essere espressi nelle seguenti due affermazioni.

1. *«Di mamma ce n'è una sola.»*
2. *«Il posto della mamma è a fianco del bambino.»*

Sia l'una sia l'altra, però, alla verifica dei fatti risultano false. Vediamo perché.

1. Di mamma ce n'è una sola

Si sente dire spesso: «*Solo la mamma capisce il suo bambino*», ma quanto c'è di vero in quest'*affermazione*? Secondo i risultati degli studi più recenti, il mitico 'istinto materno' non è qualcosa di innato nella donna, ma è una sensibilità che si sviluppa prendendosi cura del

piccolo: una conseguenza del ruolo che si sceglie di assumere, e non una predisposizione genetica.
Per mettersi in sintonia con il neonato, sostengono gli studiosi, le mamme devono sviluppare una particolare sensibilità.
Questa situazione non è però un'esclusiva della mamma, ma di tutti coloro che si prendono cura di un neonato. Per captare i bisogni di

Malate di nostalgia

Per alcune donne, lo strappo della separazione è troppo difficile da sopportare. Angosciate per il fatto di lasciare il bambino, vivono la lontananza, per lavoro o altro, come un'usurpazione ingiustificata, un mostro che le deruba del loro tesoro più prezioso. Nei casi più gravi, il fisico si ribella.
I testi di medicina riportano casi clamorosi, come quello della donna che, a ogni annuncio che sarebbe dovuta partire per motivi di lavoro, aveva una montata lattea, nonostante avesse smesso di allattare da molto tempo. Oppure il caso di una donna che dal lunedì mattina al venerdì pomeriggio, al momento di lasciare l'ufficio, si ritrovava con il ventre gonfio, simile a quello di una donna incinta.

Più sottilmente, il mal di nostalgia può manifestarsi con inspiegabili dolori di testa, acidità di stomaco, spossatezza.
Il malessere materno è contagioso. Spesso 'contagia' anche il bambino, confermando e moltiplicando così il disagio di entrambi.
Particolarmente insidioso è il senso di colpa che rimane sommerso, non affiora a livello conscio, non riesce a esprimersi con uno scoppio di rabbia o una scenata. Erode la compattezza psicologica e mina la salute. Come dicono gli psicologi, viene 'somatizzato': si manifesta cioè con sintomi fisici che, apparentemente, non hanno alcun legame diretto con la loro causa.

La sensazione di non vedere abbastanza i propri figli, di non avere sufficiente tempo per uscire e giocare con loro, per seguirli nei compiti e per nutrirli con buoni pranzetti si manifesta con un'insoddisfazione, con un perfezionismo ossessivo o con spese compulsive e che conducono alla depressione: inoltre, compaiono inspiegabili mal di testa, dolori alla schiena, un inarrestabile aumento di peso e improvvisi scoppi di collera.

un bambino che non ha la possibilità di esprimersi se non con il pianto o con il sorriso, si è costretti a esasperare la propria sensibilità, rendendosi vulnerabili per riuscire a comprendere i suoi messaggi. L'acutizzazione della ricettività rende più fragili, e amplifica ogni emozione: gioia, dolore, esaltazione, scoramento, apprensione, sicurezza si alternano senza un motivo apparente. Ed è su questo terreno che prolificano depressione e sensi di colpa.
Man mano che il bambino arricchisce le proprie capacità di comunicazione, l'adulto fa rientrare i propri ricettori arcaici, e la fragilità piano piano scompare.

2. *«Il posto della mamma è a fianco del bambino.»*

Spesso, per far fronte alle contraddizioni, si tende a costruire di sé l'immagine della persona indispensabile cui tutti devono necessariamente far riferimento.

«Il padre non c'è, è sempre assente.»

«I nonni sono invadenti, e mancano di polso.»

«La maestra annoia i bambini, o li sommerge di compiti.»

«Il pediatra non sa fare altro che prescrivere pillole.»

«Della baby-sitter non ci si può fidare...»

Come abbiamo detto, tutte le ricerche condotte dal 1970 in poi dimostrano però che non vi sono differenze nello sviluppo sociale, intellettuale e motorio tra i bambini delle mamme che lavorano e quelli delle mamme casalinghe.

I risultati degli studi sono invece impietosamente classisti: ciò che condiziona maggiormente lo sviluppo del bambino è il livello culturale ed economico della famiglia.
Vi è un altro dato su cui riflettere: dai risultati di tutte le ricerche emerge chiaramente che a essere determinante nello sviluppo non è la quantità di ore che il bambino passa con i genitori, quanto piuttosto la qualità del rapporto che questi instaurano con lui nel poco o tanto tempo di cui possono disporre, la capacità, cioè, di trasmettere al bambino messaggi positivi, facendolo sentire amato e desiderato.

La sindrome del 'poverino'

Ciò che rischia di ostacolare lo sviluppo del bambino non è tanto l'assenza dei genitori, quanto quella che si può chiamare la *sindrome del 'poverino'*.

Si parte dal dogma che un bambino non può crescere bene a meno che la mamma non sia a sua disposizione. Se, per qualsiasi motivo, questo non succede, se ne deduce che, necessariamente, il piccolo soffrirà di carenze affettive, sindrome da abbandono, malattie psicosomatiche, con il risultato che si tende perfino a 'dimenticare' il suo nome proprio. Trasformato nel simbolo dell'infelicità, il bambino non è più Giacomo, Marina o Michele, si chiama *Poverino*.

«Poverino, la tua mamma lavora ed è costretta a portarti in quel brutto asilo!»

«Poverino, ti tocca rimanere tutto il giorno con la baby-sitter!»

«Che cosa pretendi da lui? Poverino, non vede mai i genitori!»

E, primi fra tutti, gli stessi genitori si domandano: '*Poverino*, chissà come crescerà!' *Poverino, poverino, poverino...* a forza di essere accolto con sospiri, sguardi di commiserazione e catastrofiche previsioni, il piccolo si identifica con il ruolo che gli viene imposto e adegua il suo comportamento alle aspettative: fa i capricci, ricatta, picchia, accusa malesseri immaginari. Tutti i suoi comportamenti sono tollerati perché, *poverino*, bisogna capirlo...

I miti da sfatare

Non ne posso più della pubblicità, dell'immagine della supermamma che sa tutto e gestisce tutto: pannolini, vestiti, amicizie, brufoli, amori, compiti, e per di più è sempre magra, elegante, bella, professionale e sexy! A volte, ho voglia di essere giù di corda, arrabbiata, pigra e sciattona senza sentirmi in colpa nei confronti dei miei bambini. Sapranno pure cavarsela, come me la sono cavata io, ultima di sette figli.

(Adriana)

Nel libro *The second shift*, la sociologa americana Arlie Hochchild racconta di quando ha seguito, per 8 anni, 50 coppie che vivono in California. Ha chiacchierato con i loro amici, le baby-sitter, le maestre d'asilo e di scuola. Ha visto madri trafelate per le riunioni di lavoro, il saggio di nuoto o la cena da preparare, ha incontrato padri assenti e carichi di sensi di colpa.
È stata testimone di litigi, tensioni, rivendicazioni. Ma anche della gioia per una nascita o un avanzamento di carriera.
«È in atto una grande rivoluzione,» conclude la Hochchild, «ma è una rivoluzione che trova difficoltà a decollare. Conciliare carriera e maternità è ancora piuttosto difficile.»

Oggi sono ben pochi a dire che il posto di una donna è la casa, però, aggiungono frettolosi, l'ideale sarebbe che i bambini rimanessero con la loro mamma.
In realtà, il mito della madre dedita a crescere i figli è piuttosto recente. Fino a non molti decenni fa, la stragrande maggioranza delle famiglie italiane aveva almeno quattro figli, e tendenzialmente il lavoro era legato all'agricoltura.
La mamma contribuiva ai lavori dei campi oltre a eseguire un'infinita quantità di incombenze domestiche che richiedevano lunghe ore di fatica: infornare il pane, preparare i pasti, fare il bucato, strofinare i pavimenti... Quanta energia rimanesse da dedicare a ciascuno dei figli è facile immaginare.

I benestanti, che avrebbero potuto avere più tempo per occuparsi dei bambini, in genere preferivano affidarli alle domestiche o, chi poteva permetterselo, a un istitutore.

Si può quindi dire che oggi la mamma che lavora dedica ai figli una quantità di tempo pari, se non superiore, a quella che le madri di un tempo dedicavano ai loro bambini. In molti casi, non è azzardato dire che la qualità di attenzioni che oggi ricevono i figli è mediamente superiore a quella delle generazioni passate.

Nonostante questi incontrovertibili dati di fatto, permangono lo stesso alcuni miti: almeno i quattro seguenti.

• **Il primo mito.** Sostiene che se i genitori stessero un po' più a casa ci sarebbero meno bambini con problemi scolastici e meno delinquenza. Purtroppo, le statistiche smentiscono l'affermazione. La delinquenza è più diffusa nei nuclei familiari dove il padre e la madre sono disoccupati, e quindi sono a casa più a lungo, e il reddito è notevolmente inferiore alla media.
Mancano dati relativi al successo scolastico, ma l'impressione è che la presenza o l'assenza dei genitori durante il giorno non sia necessariamente correlata ai risultati della pagella.

Gli spot pubblicitari mostrano sempre immagini di bambini sereni, mammine patinate che offrono merende, medicano ginocchia, partecipano ai giochi. Ma da varie ricerche e studi sappiamo che la realtà è ben diversa.
E comunque, anche quando la madre è casalinga, è la televisione la compagna prediletta dei bambini, che la guardano in media più di due ore al giorno.

• **Il secondo mito.** Afferma che il bambino piccolo ha alcune necessità irrinunciabili che solo la mamma può colmare. Un fatto innegabile. Ma nessuno ha provato che queste necessità possano essere soddisfatte soltanto da una mamma sempre a disposizione. Un rap-

Mezz'ora in più di televisione

Secondo i risultati di un'inchiesta condotta dall'Istituto di pedagogia dell'Università di Milano, l'80% dei bambini gioca da solo e non vede altri bambini, più del 50% non gioca all'aperto, il 36% guarda la televisione per più di due ore al giorno.
Non si sono riscontrate differenze di comportamento tra i figli di genitori che lavorano e quelli che hanno un genitore in casa. Anzi, in provincia, dove la percentuale di madri che non lavorano è più alta, i bambini stanno davanti alla televisione mezz'ora più degli altri.

porto profondo e stimolante si stabilisce non tanto per il numero di ore che si passano insieme con il bambino, quanto piuttosto per l'intensità e la qualità delle interazioni che si vivono insieme. Quale interazione esiste tra un bambino incollato alla televisione e un papà o una mamma in casa che «*non hanno tempo*»?

Scrive il celebre pediatra Marcello Bernardi: «Troviamo sempre chi accusa la madre che lavora di scimmiottare gli uomini, di abbandonare il figlio, di fare la sua rovina, di andare contro natura, di trascurare la famiglia. Non date retta a queste persone. La presenza della figura materna è indispensabile al bambino per la strutturazione della sua personalità, ma non è indispensabile che questa presenza sia incessante e ininterrotta».

Per l'equilibrio del suo sviluppo psichico, affettivo e intellettivo è invece necessario che il bambino abbia l'occasione di stabilire rapporti con altre figure di riferimento: arricchiscono il suo mondo offrendogli una serie di stimoli che una singola persona, perfino la mamma, non è in grado di dargli.
La socializzazione non è un palliativo all'assenza della madre, un modo per riempire uno spazio vuoto. Al contrario, è lo spazio dell'incontro allargato al di là della cerchia familiare, oggi tanto più necessario dato che le grandi famiglie, dove il bambino, oltre a vari fratelli e sorelle, poteva contare sulla presenza abituale di nonni, zii e cugini, sono praticamente scomparse.

- **Il terzo mito.** Viene proposto da alcuni pediatri: qualsiasi disturbo di cui soffre il bambino va fatto risalire alla presenza materna.

La piccola non riesce a dormire? «*Cosa vuole, signora, non la vede tutto il giorno...*»
Il bambino non mangia? «*È chiaro. Lo fa per attirare la sua attenzione, lei non c'è mai...*»
La bambina fa la pipì a letto? «*Si chiama 'enuresi', signora... È l'unico modo che le è rimasto per dire: 'Ho bisogno di te'.*»
Non esistono studi che confermino questa teoria. Anche se nessuno nega che questi comportamenti possano derivare da un disagio del

bambino, non è stato affatto provato che questo sia dovuto alla quantità del tempo che la mamma passa con i figli.

- **Il quarto mito.** L'ultimo mito è quello talvolta patrocinato da qualche nonna. «*I bambini crescono in fretta, figlia mia. Fra qualche anno ti pentirai di non averli goduti abbastanza!*»
E così, magari la mamma decide di stare a casa.

Il piccolo cresce, e rimane con la sua mamma che continua a goderselo fino a che lui ha 30 anni; la nonna è viva e vegeta ben oltre gli 80 anni; a 50 anni, la povera mamma si trova ogni mattina a preparare il caffè al figlio e la tisana per la nonna...

Saluti, distacchi, ricongiungimenti

I primi giorni l'accompagnavo all'asilo e scappavo piangendo; a pensarci, ancora mi vengono le lacrime. «Amore,» le dicevo, «scusami, non ti abbandono, ma è per il tuo bene, non possiamo vivere aggrappate.»
(Giulia)

Tutte le mattine, quando mamma e papà vanno via, io sospiro. Una mattina mi sono dimenticata, e loro due hanno detto alla signorina: «Che cos'ha Marina, non sta bene?»
(Marina, 4 anni)

«Quando mamma e papà vanno via, io sospiro...»

Due frasi che descrivono la complessità, le contraddizioni e le aspettative di chi la mattina si allontana dai propri figli. Giulia ha il cuore dilaniato, ma sa che separarsi è un bene anche per la piccola: «*Non possiamo vivere aggrappate*», ammette suo malgrado.
Marina è contenta, sta bene. Sono invece i genitori che hanno bisogno del suo sospiro per essere rassicurati del fatto che, anche se affidata ad altri, la bambina sente la loro mancanza. Con la sua sensibilità, Marina coglie quello che la psicologa Penelope Leach afferma esplicitamente: nel distacco, a soffrire di più sono gli adulti.

«Spesso,» osserva lo psicanalista Bruno Pagani, «anche se le condizioni dell'affido sono ideali, il cruccio deriva dal fatto che i genitori vorrebbero sentirsi indispensabili e, invece, si vedono costretti ad affidare i figli a qualcun altro. Provano, allora, una gelosia inconscia, hanno paura che altre persone si intromettano tra loro e il bambino.»
Nei casi più estremi, il bambino che non accetta di essere lasciato non fa che riflettere come uno specchio la paura dei grandi per la separazione. Inconsapevolmente, risponde al bisogno dei genitori di sentirsi indispensabili.

STORIE DI VITA

Federica, suo marito e la piccola Stella

Mio marito ed io avevamo comprato i biglietti per il concerto. Stella, la mia bambina, era a letto. La baby-sitter era arrivata. Tutto funzionava. Il conto alla rovescia si avvicinava all'ora zero.
Ma, appena abbiamo dato il primo giro di chiavi nella porta di casa, accingendoci a uscire, dalla cameretta di Stella è partito un grido straziante. La ritirata precipitosa è stata d'obbligo. Imprecando contro la serratura rumorosa, mi sono ritrovata al capezzale della piccola che gridava: «Mamma, stai sempre qui».
Mi sono sfilata la giacca, mentre mio marito dalla porta della stanza faceva segni esagitati e incomprensibili. Stella l'ha visto, e lo ha tirato in causa: «Paparino bello, vieni qui».
Paparino è entrato a malincuore nella stanza, con un profluvio di parole rassicuranti. Conclusione: alle 21 mio marito, io e la baby-sitter eravamo sul divano a guardare un film di Totò, mentre Stella dormiva beata tra le braccia del suo paparino...

Separarsi è una tappa necessaria e inevitabile per lo sviluppo del bambino. Per quanto possa essere doloroso, dobbiamo favorire questo processo, cercando di scegliere il momento più adatto, perché diventi un'occasione per la crescita della sua individualità. Se cerchiamo di attenuare le paure del bambino non lasciandolo mai, gli neghiamo la possibilità di imparare che, quando i genitori se ne vanno, poi tornano: non scompaiono per sempre. Stando sempre vicino a lui, gli trasmettiamo invece il messaggio che, senza di noi, non è capace di farcela. Quali sono dunque le condizioni per separarsi senza provocare turbamenti nel bambino e laceranti angosce nei genitori? Per saperlo, è necessario chiarire il concetto di 'separazione' e conoscere i meccanismi psicologici che si attivano quando ci si stacca da qualcuno che si ama.

L''ansia da separazione'

Gli psicologi chiamano *ansia da separazione* un'angoscia che si impadronisce del bambino ogni volta che deve staccarsi da ciò che ama, la mamma, il papà, i fratelli, i giochi. Inizia dopo i 6-7 mesi, quando il piccolo comincia a rendersi conto che i genitori sono individui distinti da lui, e che la separazione può comportare un pericolo.
«Fino ad allora percepiva la mamma come una parte del proprio corpo e sembrava non accorgersi delle sue brevi assenze,» spiega lo psicologo Giovanni Marcazzan, «ma intorno al sesto mese di vita le cose cambiano: il bambino non riesce a immaginare dove siano i genitori quando non li vede: se se ne vanno, teme che sia per sempre.»

Basta pochissimo: uno squillo del telefono, o il timer del forno che suona, e d'un tratto la mamma, o il papà, scompaiono. Puff! Non ci sono più, come in un gioco di prestigio. E allora, iniziano singhiozzi e lacrime. Secondo l'età e le caratteristiche del bambino, la paura ha intensità diverse. Come adulti, troviamo difficile metterci nei suoi panni. Quando salutiamo una persona sappiamo che continua a esserci, anche se non la vediamo. Non così il bambino piccolo.

• Proviamo a fare un piccolo esperimento con un bambino di 6-7 mesi. Quando lui allunga la mano per toglierci gli occhiali che abbiamo sul naso, sfiliamoceli noi e mettiamoli in tasca o sotto un cuscino, senza preoccuparci di non farglielo vedere.
Lui, comunque, non li cercherà: continuerà a guardare fisso il nostro

naso, il posto dove li ha visti l'ultima volta. Poi perderà interesse al problema. Non cerca gli occhiali perché non riesce ancora a immaginare che esistano quando non li vede.

Per questo, in particolare al momento della buona notte, le angosce diventano spesso ingestibili. Da qui nascono i pianti serali e l'ostinazione a stare sveglio a oltranza: finché può, vuole tenere la situazione sotto controllo.

Davanti a quest'inaspettata richiesta di attenzioni, è inutile macerarsi con domande accusatorie: «*L'abbiamo trascurato? Non stiamo abbastanza con lui?*»

L'ansia da separazione rappresenta una fase normale dello sviluppo, sostengono unanimi tutti gli psicologi: compare dopo i 6 mesi, e raggiunge i picchi più acuti qualche mese dopo il primo compleanno.

La mamma si sposta, non sparisce

Tra l'anno e mezzo e i 2 anni, il bambino comincia a sviluppare quella che gli psicologi chiamano *la capacità di rappresentazione mentale dell'oggetto*: se usciamo, rimane a consolarlo la nostra immagine mentale, il nostro ricordo; sa che torneremo, ormai è sicuro che continuiamo a esserci anche se non siamo con lui.

Nello stesso periodo, il bambino comincia ad avere un'idea dello spazio. La mamma non *sparisce*, semplicemente *si sposta.*

Non vedendola, il piccolo pensa che sia andata in un altro luogo della casa e la va a cercare.

È questo il momento adatto per raccontare la favola di *Hansel e Gretel*, i due bambini sperduti nel bosco: risveglia nel bambino il timore di essere abbandonato, che viene poi risolto con il lieto fine della fiaba.

«Perché piangi?»

Da quanto detto si possono trarre due conclusioni.

1. Il bambino ha tutto il diritto di protestare e piangere per la sparizione delle persone care.
2. Il suo sconforto è di breve durata.

«Sta a noi interpretare i suoi richiami, accorgersi quando il livello di ansia richiede il nostro pronto e immediato intervento ma, al tempo stesso, abituarlo gradualmente al distacco,» sostiene la psicoterapeuta Analia Setton, «la prima volta solo per qualche ora, poi per un intero pomeriggio, quindi per tutto il giorno, infine lasciandolo, per una o due notti, a dormire con persone che conosce bene.»

Man mano che il bambino cresce, verso i 2 anni, con l'acquisizione del linguaggio e la capacità di rappresentarsi mentalmente il genitore assente, l'ansia da separazione diminuisce per poi sparire. Ma non è raro il caso di bambini, particolarmente sensibili, che soffrono per il distacco fino all'età di 3 anni.
I bambini possono piangere perché non si trovano bene con la persona che si prende cura di loro, ma nella maggioranza dei casi non è questa la causa del loro disagio.
Il pianto può essere dovuto semplicemente a un accumulo di stress e di stanchezza che nulla ha a che fare con la separazione dal genitore. Per 'stress' si intende il senso più ampio del termine: un disagio fisico o emotivo, un rumore improvviso, una stimolazione eccessiva causata da qualcosa che hanno visto in televisione o dalla visita di troppe persone, un evento naturale come un temporale o un fulmine.

Piangere per la commozione

Vi è mai capitato di piangere a un matrimonio, quando avete ricevuto un premio, al momento di partire per un viaggio lungamente desiderato? È normale piangere per una forte emozione, non necessariamente dolorosa né spiacevole. Più si è emotivi, più è facile ricorrere alle lacrime. Eppure, difficilmente, per non dire mai, prendiamo in considerazione la possibilità che un bambino pianga per la gioia: perché rivede la mamma dopo una giornata di assenza o perché incontra la nonna. Non piange perché è triste, ma solo perché è commosso. Succede a noi, e non vi è ragione per cui non debba succedere a un bambino di pochi mesi o di pochi anni.

Quando lo lasciamo all'asilo o con la baby-sitter, come pure quando lo andiamo a prendere o ritorna a casa, un bambino solitamente scoppia a piangere lasciando il genitore inquieto e perplesso. Ma non è necessariamente un segno che non si trovi bene. Spesso è solo un segno dell'emozione che prova nel vederci andar via o arrivare. Succede anche a noi quando andiamo all'aeroporto o alla stazione ferroviaria. Piangiamo perché ci separiamo da una persona cara, ma siamo contentissimi di partire per un viaggio.

Piangere per un ricordo

In altri casi, è il ricordo di un turbamento vissuto in precedenza che scatena il pianto.

> *Quando avevo 7 mesi, per un intero mese fui lasciata dai miei genitori con i nonni, che non avevo mai conosciuto. È questa un'età critica, durante la quale si forma un profondo legame tra il bambino e chi si prende cura di lui. A questa età una lunga separazione può risultare traumatica. I nonni non diedero molta importanza ai miei pianti, e nemmeno la mamma, quando la rividi.*
> *La successiva separazione da mia madre fu a 3 anni, quando fui mandata all'asilo. Si vede che il nuovo distacco mi riportò alla mente la mia prima esperienza a 7 mesi, quando non sapevo se la mamma sarebbe tornata.*
> *Ogni volta che lei mi lasciava all'asilo, piangevo per cercare di guarire dal mio trauma precedente, ma mi lasciavano piangere solo per pochi minuti. Dopo 4 mesi avevo completato la quantità di pianto necessaria e smisi di piangere. Sono convinta che se i miei insegnanti mi avessero dato più attenzione e, anziché tentare di distrarmi, mi avessero lasciato piangere per tutto il tempo di cui avevo bisogno, per qualche ora, sarei guarita dal mio trauma in meno di una settimana.*
>
> (Aletha J. Solter, psicologa svizzera)

Da questa sua esperienza, Aletha Solter deriva una regola: quando un bambino piange a causa di una separazione, il suo pianto va accettato. Gli si deve dare la possibilità di esprimere il proprio dolore, la sua rabbia e la sua ansia. Per quanto sia difficile, è preferibile lasciare che il bambino pianga liberamente piuttosto che negare i suoi sentimenti, sminuirli, non prenderli in considerazione o cercare di distrarlo, bloccandone lo sfogo. Questo non vuol dire che vada ignorato: è importante fargli sentire che gli stiamo vicini e lo sosteniamo.

Il mondo 'mammizzato'

La mamma deve dare sicurezza al bambino fin da quando ha 8 giorni di vita. Deve prenderlo in braccio e parlargli: «Questo rumore che ti spaventa è solo l'aspirapolvere. Non avere paura». Così, tutti i rumori saranno 'mammizzati'.

(Françoise Dolto)

Parlare *mammizza*, sostiene la grande psicanalista francese. Rende cioè sicuro il mondo, che altrimenti appare al bambino come un'incoerente aggressione di stimoli incomprensibili.

'*Ma a quell'età non capisce*', si pensa. È vero, tuttavia il messaggio di rassicurazione viene comunque comunicato. Un errore in cui cadiamo spesso è credere infatti che il bambino che ancora non parla non sia nemmeno in grado di capire.
Gli studi più recenti hanno invece dimostrato che il piccolo è in grado di captare gli stati d'animo e i sentimenti, fin dai primi mesi del concepimento.
Inoltre, i bambini sono in grado di comprendere il linguaggio *non verbale*: il tono di voce, l'espressione del viso, i nostri gesti. Anzi, a questo linguaggio sono spesso molto più sensibili della maggior parte degli adulti.

Spiega Françoise Dolto: «Ci sono bambini che ricordano tutte le prime cose che sono state dette intorno a loro: sono come un nastro magnetico... Ci si può rivolgere a loro fin dalla nascita, e ne hanno bisogno. È così che li introduciamo nel nostro mondo particolare: come futuro uomo o futura donna, e non come piccola cosa, bebè, orsacchiotto di peluche... Dire frasi e assumere il giusto tono di voce per accompagnare la sofferenza del bambino la trasforma in emozione umana, proprio perché viene espressa».

Parliamo quindi al bambino, fin dai suoi primi vagiti. Ci aiuterà a chiarire a noi stessi i nostri sentimenti e, soprattutto, a definire i suoi. Descriviamo quello che stiamo per fare e, al tempo stesso, cerchiamo di tradurre in parole i sentimenti che pensiamo possa provare.

«Ti ha dato fastidio che ti abbia lasciato solo nella tua culla, senza nemmeno avvisarti, vero?»

«Forse ti dispiace uscire la mattina presto per andare all'asilo nido; ti piacerebbe di più startene a casa. Hai ragione.»

«Vedrai quanti bambini giocheranno con te.»

«Adesso scendiamo dall'automobile ed entriamo all'asilo. Purtroppo devo lasciarti. Mi dispiace, ma sono anche contenta che tu abbia tanti amici e giochi con cui divertirti...»

Descrivere i nostri sentimenti prima di lasciarlo e quando andiamo a riprenderlo è un aiuto per entrambi. Ma, anziché indugiare sulle nostre apprensioni, dubbi e malumori, dobbiamo sforzarci di sottolineare gli aspetti positivi dell'esperienza: il piccolo ha l'occasione di stare e giocare con altri bambini, la baby-sitter sa raccontare bellissime fiabe e conosce tanti giochi divertenti, la nonna lo riempirà di coccole e gli canterà le canzoni.

«Ti parlo perché ti capisco...»

Proviamo a metterci nella testa del bambino: se è di cattivo umore, invece di irritarci, facciamo uno sforzo per intuire i suoi sentimenti, per fargli sentire che gli siamo vicini e lo capiamo: la levataccia la mattina presto, la corsa per prendere l'autobus, il buio, lo smog e il frastuono delle strade cittadine...

Quando, per la tirannia degli orari, siamo costretti a fare tutto in fretta, prepariamo il bambino a quanto gli sta per accadere. Sapere in anticipo dove andrà e che cosa farà lo rassicura, e non lo fa sentire un pacchetto, infagottato, trasportato, depositato e ritirato.
Fin dal primo momento in cui usciamo dal portone di casa, descriviamogli tutto quello che l'aspetta, avvisiamolo che non potremo stare con lui quando arriviamo a destinazione, anticipiamogli tutte le coccole, descriviamogli esattamente che cosa faremo: non avremo il tempo per togliergli il cappotto, potremo dargli solo un bacio, ma gli lasceremo in tasca un nostro fazzoletto profumato che gli terrà compagnia per il resto della giornata...

- Nei primi mesi di vita, osserva la Dolto, il bambino riconosce la mamma dal profumo perché non è ancora in grado di distinguerne i lineamenti del volto e neppure la voce.
- Per gli stessi motivi, quando ci ritroviamo, prima di prenderlo in braccio avviciniamoci a lui e lasciamogli il tempo di riconoscere il nostro odore.

Contrariamente a quanto si tende a pensare, il momento del ricongiungimento può essere per il bambino un'esperienza poco felice: sta giocando sereno quando improvvisamente arriviamo noi, lo riempiamo di baci e abbracci, vogliamo sapere com'è andata, lo carichiamo in macchina e lo portiamo via.

- Parlare è importante anche quando ci si ritrova: diamo un piccolo preavviso per fargli terminare ciò che sta facendo, e raccontiamogli il programma che lo attende. Lo aiuterà ad avere un controllo su quanto accade intorno a lui, regalandogli la preziosa sensazione di essere partecipe di quanto gli sta succedendo.

Il tono, le parole, lo stato d'animo che abbiamo al momento del distacco e del ricongiungimento sono determinanti per far sì che questi passaggi siano privi di tensione. È importante quindi fare uno sforzo per scacciare dai nostri pensieri ansie, preoccupazioni o gelosie, convincendoci che, con le risorse di cui possiamo disporre, la scelta fatta è la migliore possibile.

«Mamma, papà, non andate via!»

Le vacanze senza Davide

Da quando Davide era nato non l'avevamo mai lasciato: la mamma o il papà erano sempre 'a portata di pianto'. Dopo 2 anni, abbiamo deciso che finalmente potevamo permetterci una breve vacanza. Senza di lui, nel silenzio delle montagne austriache. Niente pannolini, corse notturne, levatacce all'alba. Lo avremmo lasciato dalla nonna. 'La conosce, le vuole bene, non ci sarebbero stati problemi', abbiamo pensato.

La sera della partenza abbiamo accompagnato Davide a casa della nonna. Con una mano abbracciava l'orsacchiotto appena comprato, con l'altra la sua logora copertina; sulle spalle, il suo zainetto a forma di rana, con dentro il 'pigiamino-coccodrillo'.

«Abbiamo accompagnato Davide dalla nonna prima di partire...»

Dopo 2 ore di 'ambientamento', ce ne siamo andati alla chetichella mentre lui era intento a guardare un cartone animato alla TV. Finito il programma, Davide si è guardato in giro: «Mamma? Papà?»

«Sono usciti per un momento», ha risposto la nonna. «Ma tornano subito...»
«Mamma? Dove? Papà? Dove?» incalzava Davide.
Stessa domanda, stessa risposta fino a che, all'ennesima volta, la nonna ha preso il piccolo per mano e lo ha condotto davanti alla porta: «Sono usciti da qui, ma tornano subito...»
«Subito?» ha chiesto Davide fiducioso.
«Subito!» ha risposto la nonna, tentando di trascinare il bambino, aggrappato alla maniglia.
«Io ...spetto», ha detto lui senza mollare la presa.
Dopo qualche ora, nel cuore della notte, avvisati per telefono, siamo arrivati per riprenderci Davide che, irremovibile, era rimasto davanti alla porta.
«Ma che bambino testardo!» commentava la nonna, senza farsi scalfire dal sospetto che il piccolo avesse semplicemente creduto a quello che lei gli aveva detto.

Con risultati meno 'drammatici', una scena come questa si ripete milioni di volte in milioni di case.
Dobbiamo recarci al lavoro: il piccolo piange, fingiamo di rimanere con lui e poi, alla prima distrazione, ci dileguiamo. E così, ogni giorno, si rimette in scena il trauma dell'abbandono, mentre nel bambino cresce sempre di più la convinzione che non ci si possa fidare dei genitori.

Come congedarsi: gli errori da non fare

Rinunciare alla propria vita

La soluzione drastica di rinunciare ai propri impegni e interessi finché i figli non siano sufficientemente grandi per cominciare a stufarsi dei genitori comporta più pericoli che vantaggi.
A lungo andare, si rischia di sviluppare un inevitabile risentimento che difficilmente si riesce a celare.
Con il risultato che noi saremo sempre meno disponibili, e loro sempre più esigenti.

Dire bugie

«Torno subito, esco a prendere la posta, aspettami che arrivo...»

Raccontare frottole può risultare efficace una prima volta o, se il bambino è piuttosto ingenuo, qualche volta in più. Il prezzo è però molto alto. Prima o poi se ne accorgerà e perderà la fiducia nelle persone in cui più crede: sono le premesse per costruire la sfiducia in se stessi. Non solo. I bambini dimostrano una straordinaria capacità di individuare la falsità e l'ipocrisia degli adulti, genitori compresi. «Con le bugie ripetute, ogni volta si torna da capo», osserva il pediatra Roberto Albani. «Avere il coraggio di dire la verità non ha conseguenze negative. Forse le prime volte il piccolo si metterà a piangere, poi a poco a poco capirà che i genitori tornano e accetterà l'abbandono temporaneo.»

Sparire, senza dire niente

Scappare non è altro che una frottola tradotta in azione, con un ulteriore peggioramento: oltre a sentirsi ingannato, il bambino si sente abbandonato. È questo il peggiore autogol che possiamo scegliere di fare: svignarcela approfittando di una distrazione del piccolo. Del problema si è interessato perfino Sigmund Freud, il padre della psicanalisi, che ha fatto questa osservazione: «Per non vedere il bambino arrabbiato, evitiamo di affrontare la situazione, lasciando a lui tutto il carico della separazione». Non si tratta semplicemente di un trucco innocuo o di cattivo gusto.

«La separazione è strutturante, necessaria per la salute psichica del bambino», scrive il pediatra americano Berry T. Brazelton. «Se l'adulto scompare senza che lui possa capire come e quando, mette in crisi la faticosa conquista della permanenza di sé e degli altri.»
Ma non solo. La sparizione non fa altro che aumentare l'ansia da separazione. Mettiamoci nei suoi panni: come reagiremmo se il nostro partner se la svignasse quando ci siamo addormentati? Se la mamma e il papà possono sparire da un momento all'altro senza che il bambino possa nemmeno rendersi conto di quel che succede, l'unico modo che gli rimane per garantirsi la loro presenza è stare sempre attaccato a loro.

Consegnare il 'pacchetto'

Siamo già belli e pronti con il bambino in braccio. Appena arriva la tata o la nonna, glielo consegniamo e ce ne andiamo. Il piccolo rimane sconcertato.
Letteralmente e metaforicamente, si sente 'manipolato' come se fosse un pacco postale, un oggetto da spostare.
È molto meglio far arrivare la persona che deve accudirlo almeno mezz'ora prima della nostra uscita, in modo che il bambino si abitui alla nuova presenza e la percepisca come parte della sua vita.

Iniziare un lungo 'tira-e-molla'

Come abbiamo visto, il distacco va preannunciato in tempo, preparato, verbalizzato: ma, al momento dell'esecuzione, deve essere netto. Non vi è nulla di peggio per rendere estenuante la separazione che cadere nel ricatto dell'«*ancora un po*'», del «*mi avevi detto che... l'ultima volta e poi...*»

Tornare sui propri passi

Siamo pronti per uscire, e sulla porta di casa il bambino scoppia in un pianto disperato. Abbiamo fretta, dovremmo fare mille commissioni, ma non possiamo lasciarlo in quello stato!
Sbuffando, torniamo indietro, e senza levarci il soprabito cerchiamo di rabbonirlo, ma lui mangia la foglia.
Ci vuole tutti per sé. Esige che ci togliamo il soprabito e che giochiamo con lui.
Così decidiamo di rimanere a casa ancora per un po'.
Abbiamo pagato la baby-sitter per nulla, e gli appuntamenti sono andati a vuoto. Lui non piange ma è mogio, capisce che c'è qualcosa che non va, sa che ci concediamo di malavoglia.

Situazioni del genere succedono quando il nostro distacco è stato frettoloso, non preparato, la nostra mente è stata presa da mille impegni e, nemmeno per pochi momenti, è stata a completa disposizione del bambino. In realtà, per guadagnare qualche minuto abbiamo perso tutta la mattinata.

Promettere regali o fare ricatti

«Se stasera fai il bravo, domani ti compro una bella cosa.»

Il ricatto, a ragione, viene definito 'un'arma spuntata'. Se per far stare buono un bambino gli si promette un regalo, la conclusione cui arriva la logica implacabile dei piccoli è: '*Quando il papà non mi porta il regalo, vuol dire che non sono stato buono*'. Inoltre, si insegna che i rapporti si basano esclusivamente su un fattore economico: «*Perché io faccia quello che mi chiedi, tu che cosa mi dai?*»

«*Se fai il bravo, ti compro la macchinina*»: basta pronunciare anche una sola volta una frase di questo tipo che, subito, la tecnica del ricatto viene immediatamente appresa. Con un risultato devastante. Il bambino non impara a comportarsi bene, ma al contrario impara che piangendo, facendo i capricci, buttandosi a terra o urlando a squarciagola in mezzo al negozio può ottenere qualsiasi cosa.

Diverso è condizionare il premio al raggiungimento di alcuni obiettivi, al godimento di alcuni privilegi: «*Quando avrai imparato a usare coltello e forchetta, ti porterò al ristorante...*» «*Se impari le tabelline, potrai avere una calcolatrice...*» In questo caso non si tratta di ricattare, ma di insegnare che l'apprendimento di alcune abilità offre una maggiore libertà e autonomia.

Minacciare

«Se piangi, non torno più.»

Il bimbo piange, perché ha paura di essere abbandonato, e noi che cosa facciamo? Rinforziamo la sua paura: «*Fai bene a piangere: è proprio vero, posso andarmene e sparire per sempre*».

Proibirgli di piangere è sempre sbagliato

Se il bambino piange una ragione, se pur futile, esiste. Dirgli: «*Non piangere!*» lo fa soltanto irritare. Quello che cerca è un gesto di comprensione, e non un ulteriore divieto.

Ricorrere al patetico

«Perché fai così? Non puoi starmi sempre appiccicato.»
«Quando imparerai a stare da solo?»

Con queste parole comunichiamo fastidio. È come se dicessimo: *«Quanto sei noioso, non ti sopporto!»*
E il bambino dovrebbe smettere di piangere?

Come evitare scenate

Una notte ho chiamato ed è venuta la Lorenza perché mamma e papà erano usciti. Senza dirmelo!
(Riccardo, 4 anni)

Fin dai primi mesi di vita del bambino mettiamoci nell'ordine di idee di rassicurarlo ogni volta che lo dobbiamo lasciare: per andare a fare la spesa, a lavorare, a dormire, o anche solo a prendere un bicchiere d'acqua in cucina. Insomma, sempre. Noi sappiamo che torneremo fra poco, lui no. Sa solo che non ci siamo più. Per questo è importante parlargli, raccontargli quando torneremo, coinvolgerlo nei saluti se il distacco è più lungo della norma. Anche se non parla ancora, capirà dal tono della nostra voce che non vi è nulla che lo minaccia.

Se il bambino è più grande, va rassicurato senza ricorrere a sotterfugi e stratagemmi. Qui di seguito forniamo dieci utili consigli.

1. Salutiamolo sempre

La tentazione di far finta di niente è grande: il bambino è tutto assorto nell'impilare i blocchi di una costruzione, è tranquillo, e noi dobbiamo assolutamente scappare, per non arrivare tardi all'appuntamento. In fin dei conti, sembra che si sia già ambientato... Zitti, zitti, sgattaioliamo via senza farci vedere. Inevitabilmente, impilato l'ultimo blocco, lui si volta, ci cerca. La mamma che era seduta al tavolino è sparita, non c'è più! Dov'è? Gli manca il respiro, l'angoscia lo travolge e scoppia in un pianto che nessuno riesce a consolare.

Psicologi e pedagogisti concordano nel dire che è meglio che il bambino pianga *prima*, quando lo salutiamo, anziché sentirsi abbandonato *dopo*, quando siamo spariti.

2. Non irritiamoci

La prima cosa che dobbiamo evitare è irritarci con il bambino al momento dei saluti.
Se siamo stizziti, irritabili, burberi, percepirà il clima di tempesta, e la sua ansia sarà centuplicata dal dubbio che i nostri modi bruschi non siano dovuti a stanchezza, bensì al fatto che noi lo rifiutiamo.
Se lo rimproveriamo e ci mostriamo impazienti, non vorrà saperne di lasciarci andare. Sentirà che vogliamo 'liberarci di lui' e farà di tutto per accertarsi del contrario.
Se invece saremo comprensivi quando protesta al momento dei saluti, contribuiremo a comunicargli un senso di serenità.

3. Stabiliamo un rituale

Stabilire un rituale dà sicurezza. Se nel momento in cui ce ne andiamo diamo al bambino l'abitudine di eseguire un rituale, prima del distacco, questo lo rassicurerà e gli darà una maggiore serenità.

- Per esempio, il papà, prima di uscire, gli chiede dov'è la sua borsa che si trova sempre sulla poltrona del salotto.
La mamma gli dà un bacio su ciascuno degli occhi, e un piccolo affettuoso 'morso' sul braccino...

I bambini amano i riti: scandiscono il tempo, si ricordano felicemente, vengono attesi con gioiosa aspettativa, danno sicurezza. Trasformiamo allora i saluti in un rituale atteso e desiderato dal bambino.

Ogni mattina, prima di uscire, faccio 'l'aeroplano' con Federico. Lui spalanca le braccia e io lo tiro su, al di sopra della mia testa, per farlo atterrare davanti alla porta. Poi lui grida: «Uscita d'emergenza! Tutti i passeggeri scendono dall'aereo!» E io mi precipito giù per le scale. Non vede l'ora che me ne vada!
(Mario, papà di Federico, 3 anni)

Anche le filastrocche possono aiutare. Diamo qui alcuni suggerimenti e ricordiamoci sempre che più le strofe sono strampalate, più piacciono ai bambini!

- Per un maschietto

Pin, pin cavallino,
sulla mola del mulino.
Pane secco, pane fresco
un bel bacio a Francesco...

- Per una bimba

Trotta, trotta la mia bimbotta,
tre formaggi e una ricotta,
tre formaggi e un formaggino
ecco a te un bel bacino...

4. *Lasciamogli un pegno*

Per rassicurare il bambino sul nostro rientro c'è un trucco molto semplice: prestiamogli un oggetto che ci appartiene e che gli terrà compagnia mentre siamo via. Facciamogli promettere che ce lo restituirà quando torneremo a prenderlo.

«Ti lascio il mio blocchetto per appunti. Puoi disegnarci quanto vuoi, ma ricordati di ridarmelo quando torno.»

5. *Spieghiamogli i nostri programmi*

Programmiamo con lui ciò che vogliamo fare quando saremo di ritorno a casa.

«Passiamo dal negozio di alimentari a comprare il formaggio con i buchi che ti piace.»

«Andiamo a salutare la zia.»

«Finiamo insieme il puzzle.»

«Telefoniamo ai nonni.»

Se per esempio dobbiamo uscire dopo cena, avvisiamolo per tempo.

«Questa sera io e il papà dobbiamo uscire: verrà la zia e potrai stare con lei. E poiché abbiamo poco tempo per stare insieme, che ne dici se ora ci prendiamo dieci minuti tutti per noi?»

Salutiamolo facendogli capire che andare via non è un modo di liberarsi di lui, ma un evento che rientra nella routine quotidiana. Riempiamolo di coccole raccontandogli dove andiamo, quando saremo di ritorno e quanto ci dispiace doverlo lasciare.

Coinvolgiamolo direttamente, chiedendogli di aspettare il nostro rientro oppure promettendogli che verremo a salutarlo la mattina dopo, appena aprirà gli occhi.

6. *Offriamogli punti di riferimento*

Non diciamo al bambino: «*Tornerò alle sette*», ma invece: «*Tornerò quando è l'ora della pappa*», «*quando il sole tramonta*», «*quando avrai finito il bagnetto*».

Potremo rendergli più facile capire la sequenza degli avvenimenti prendendogli la manina e raccontando il programma della giornata: «*Il primo dito è il bacio di saluto, il secondo la colazione, poi il gioco, quindi i giardinetti, poi la pappa, il bagnetto, le coccole...*», fino ad arrivare al decimo dito, quello del «*bacio del rientro*».

7. *Mostriamo fiducia in lui*

Cerchiamo di trasmettere al bambino un senso di sicurezza e un messaggio positivo.

«*Giochiamo a chi fa il sorriso più bello, diamoci un grande bacio, e poi... via!*»

> *Prima di uscire, mi invento sempre qualcosa che non sono riuscita a finire. Gli dico: «Peccato! Non sono riuscita a innaffiare il vaso dei gerani, lo fai tu?» o: «Sai l'orlo che stavo cucendo ieri sera? Quando torno a casa devi ricordarmi di finirlo», oppure: «Ci pensi tu a dare i semini al canarino, vero?»*
> (Luisa, mamma di Giacomo, 3 anni)

8. *Andiamocene senza indugi*

Lo strappo più è netto, meno è doloroso. La regola vale per i cerotti, ma anche per gli addii!

«*Ancora un minuto, ancora un bacio, tienimi la manina...*» Prolungare oltre i termini della ragionevolezza i riti del congedo non serve a evitare i pianti. Anzi, in genere li accentua, e infonde nel bambino la convinzione che non siamo sicuri di quello che stiamo facendo e che, visto che tergiversiamo, in realtà potremmo anche rinunciarci.

I melodrammi che i bambini riescono a inscenare al momento degli addii superano qualsiasi sceneggiato televisivo strappalacrime. In questi casi è necessario tagliare corto.
Dopo aver coperto il bambino di coccole, gli diremo con dolce fermezza: «*Lo sai che non mi piace lasciarti, ma sai anche che devo uscire. Ti piacerebbe che quando vai dai tuoi cugini io ti facessi una scena come tu a me ora?*»
Poi andiamocene, senza ulteriori discussioni né sensi di colpa. Come quando gli togliamo di mano i fiammiferi con cui sta giocando: lo facciamo arrabbiare, ma sappiamo che è per il suo bene, e perciò siamo assolutamente irremovibili.

9. Manteniamo le promesse

Prima di tutto, rispettiamo gli impegni. Se gli diciamo che saremo di ritorno all'ora di cena, a costo di spendere un patrimonio in taxi manteniamo la promessa. I bambini hanno una memoria infallibile, e ogni promessa infranta è un attentato alla loro fiducia nei nostri confronti. Una volta delusi, non vorranno più saperne di lasciarci andare. Rispettiamo allora gli accordi, facendo notare la nostra lealtà: «*Visto che sono tornato per cena? So che mi aspettavi...*»

10. Facciamogli sentire la nostra presenza

Nel corso della giornata, se è possibile, diamoci un appuntamento telefonico. Saremo entrambi contenti di sentirci.

Le frasi che peggiorano la situazione

Di fronte alla disperazione dei nostri bambini al momento del distacco, siamo presi da una tale ansia che dimentichiamo i più elementari principi di psicologia, e ci scappano frasi che mai pronunceremmo in un momento di calma. Esaminiamone alcune e vediamo come potremmo sostituirle.

Invece di...

«Adesso basta. Fa' il bravo, non piangere. Ho detto basta!

...proviamo così

«Sei triste perché non vuoi che vada via... Anch'io vorrei tanto stare ancora con te, ma non è possibile.»

Invece di...

«Non piangere così.»
«Tu sei grande, ormai. Non sei più un bebè!»

...proviamo così

«Stai piangendo perché ti dispiace... Vorresti che stessimo ancora insieme...»
«Vieni che ti dò un bacio, e poi starai meglio!»

Invece di...

«Torno subito. Adesso, smettila di piangere!»

...proviamo così

«Torno subito. Fra poco ci rivediamo, e così mi puoi raccontare tutto quello che hai fatto!»

Invece di...

(Sappiamo che la nonna non può tenerlo.)
«Sei contento davvero di andare dalla zia, o avresti preferito stare con la nonna?»

...proviamo così

«Vedrai come ti divertirai dalla zia!»

Invece di...

«Non mi dirai che hai paura di dormire con la baby-sitter?»

...proviamo così

«Che bello! La tua baby-sitter ha detto che questa sera ha preparato una sorpresa soltanto per voi due, ma non ha voluto dirmi niente... Domani, me la racconti?»

L'arte di rassicurare un bambino

Da quanto detto finora, risulta evidente che, nella gestione del distacco, l'elemento che determina il successo o il fallimento è il nostro atteggiamento: più siamo sereni e sicuri delle nostre scelte, più saremo capaci di trasmettere tranquillità e sicurezza, rendendo meno difficili il distacco e la lontananza.
Al contrario, se ci facciamo sommergere da dubbi e sensi di inadeguatezza, la nostra inquietudine verrà trasmessa al bambino.

Facile a dirsi. Ma come liberarsi dall'angoscia dell'abbandono, da cui noi, prima ancora che il bambino, siamo sommersi?

Può essere di qualche aiuto riflettere sulle parole della psicologa Analia Setton: «La presenza fisica costante dei genitori accanto al bambino non garantisce la qualità del rapporto che si ha con lui. Per essere rassicurato, il bambino ha bisogno di segni concreti che la testimoniano. Ci sono genitori fisicamente assenti che sono vissuti come presenti dal loro bambino, e viceversa».

> *Sono fuori di casa per tutto il giorno, e a volte torno la sera tardi, quando Martino è già a letto.*
> *Per far sì che non soffra troppo della mia mancanza, ogni mattina, prima di uscire, gli dedico una ventina di minuti. Lo coinvolgo nei miei preparativi, facendomi passare la spazzola per i capelli o chiedendogli quale camicetta devo indossare.*
> *Insomma, faccio in modo che non si senta escluso dalle mie abitudini, e che anzi vi partecipi, così si adatta gradualmente all'idea*

del distacco perché sa che, quando sono pronta, devo uscire. Infine, gli preannuncio sempre quando è arrivato il momento di andare via: «Prendo la borsa ed esco... Poi quando arrivo in ufficio ti telefono...»

(Lella, mamma di Martino, 3 anni)

- Un supplemento di coccole nel corso della giornata può facilitare il momento del distacco.

- Dopo una giornata fuori casa, dimostriamo la gioia di rivederci con un'allegria contagiosa, senza sollevare il ricordo della difficoltà a separarsi.
Spesso, per avere il premio di questa festosa accoglienza, il piccolo si convince che, dopo tutto, non è un dramma se ogni tanto lo lasciamo solo.

- Il gioco del *Cucù*! fin dai primi mesi di età è un meraviglioso esercizio per trasmettere al piccolo il concetto che sparire dal suo campo visivo non significa svanire per sempre dalla sua vita.
Il bambino comincia così un percorso che lo porterà a una grande conquista: acquisire il concetto di permanenza dell'oggetto, la capacità di capire che persone e oggetti continuano a esistere anche quando scompaiono dal raggio visivo.
La mamma c'è anche se non si vede.

- Con i più grandi si può giocare a nascondino, oppure abituarli ad andare da soli a prendere qualcosa dall'altra parte della casa o presso una vicina. Ovviamente, ogni volta che compie l'impresa, gli vanno fatte grande feste.
L'attrazione che i bambini piccoli trovano nel gioco del nascondino è dovuta alla gioia provata nel ritrovare la persona o l'oggetto che pensavano di avere perso.
Gli psicologi suggeriscono di giocarvi spesso. In tal modo, il bambino si abitua all'alternarsi di presenza-assenza-presenza che riproduce in piccolo la sensazione che provano quando siamo assenti per periodi di tempo più o meno lunghi.

- Si può anche parlare insieme dei loro timori. Ma, preferibilmente, non la sera, per evitare che colgano l'occasione e prolunghino la discussione fino a notte fonda.

Un saluto per ogni età

A 4, 5, 8 mesi

Prendiamoci l'impegno di salutare sempre il bambino quando lo lasciamo. Coccoliamolo se è agitato, parliamogli con dolcezza, senza fretta, e assicuriamolo con la promessa: «*Torno presto*».

Spiegare che andiamo via per un periodo di tempo più o meno lungo e che poi torneremo da lui è molto importante. Nei bambini, la capacità di comprensione delle parole si sviluppa molto più rapidamente della loro abilità linguistica.
Salutiamolo anche quando è addormentato. Noi percepiamo suoni e rumori nel dormiveglia, e anche lui, nel sonno, sentirà il suono della nostra voce.
Lasciamogli qualcosa di nostro: un foulard della mamma, il portachiavi del papà. Questi oggetti lo rassicureranno della nostra presenza.

Fino a 2-3 anni

È già abituato a vederci uscire, ma vuole sapere perché: «*Dove vai?*» «*Quando torni?*» «*E perché?*» A volte, ci saluta e torna a giocare, altre volte si dispera. In questo caso, fermiamoci, cerchiamo di dimenticare la fretta e l'ansia, e decidiamo di dedicare al bambino tutta la nostra attenzione per qualche minuto.

Concordiamo con il piccolo un momento della giornata in cui penseremo a lui e lui penserà a noi, fissiamo l'ora per una telefonata, ripetiamogli il programma della giornata, attribuendo un'attività a ciascun dito della sua mano, in modo che possa 'visualizzarlo'. Infine, con la stessa ovvietà con cui diremmo: «*Oggi piove*», diciamogli che ci dispiace moltissimo, ma che dobbiamo uscire. Se, nel fare tutto questo, non trapelerà dal nostro comportamento alcuna fretta e ansia di andarcene, ci basterà un minuto per tranquillizzarlo.

A 4-5 anni

«Ogni giorno dobbiamo lasciarci, ma per ogni giorno abbiamo un appuntamento», ricorda la scrittrice francese Christiane Collange.
Se è possibile, telefoniamo al bambino: saprà che continuiamo a esserci e pensiamo a lui. L'obiettivo è rassicurare il bambino, non noi stessi: quindi sommergerlo di domande del tipo: «*Stai bene? Hai mangiato? Sei felice?*» serve solo a comunicare ansia. Raccontiamogli invece quello che faremo insieme, quando ci rivedremo: «*Non vedo l'ora che mi mostri i tuoi disegni...*»

A chi affidare i bambini

Asilo, baby-sitter o nonni?
È sempre difficile scegliere a chi affidare i propri figli.

Come scegliere le persone cui affidare i figli in nostra assenza? In molti casi la domanda suona ironica. Presuppone che ci sia la possibilità di optare per una tra diverse soluzioni. La realtà, spesso, è un'altra. L'asilo nido non c'è o è irraggiungibile, la baby-sitter non si trova, o non è affidabile, oppure costa troppo. La nonna è apprensiva e lo vizia. Rimane la portinaia, che lo lascia in balìa di se stesso sul seggiolone davanti alla televisione accesa. Qualunque sia la soluzione di ripiego alla quale, momentaneamente, siamo obbligati, teniamo presente un fatto: il nostro atteggiamento contagia il bambino. Se siamo scontenti, depressi, irritati, lo sarà anche lui. Se ci mostriamo, nonostante tutto e per il suo bene, contenti, entusiasti e allegri, lo sarà anche lui. Anche perché le sue impressioni, nella maggior parte dei casi, non coincidono con le nostre. Un quadro che a noi appare bruttissimo lo incanta e lo fa sognare. Il compagno nutrito a Nutella, che indossa sempre la maglietta dell'Inter e pensa solo al calcio, è il suo idolo. L'educatrice che non sa pronunciare la zeta è la sua preferita.
Con calma, cerchiamo la sistemazione più soddisfacente ma, nel frattempo, sarebbe controproducente trasmettergli le nostre ansie.

Il momento più adatto per il distacco

L'ideale sarebbe iniziare ad affidare il bambino ad altri quando sia noi sia lui siamo pronti a farlo.
L'intensità con cui viviamo la separazione dipende dal tipo di legame che abbiamo costruito, ma anche dalle esperienze che abbiamo sperimentato da piccoli. Se abbiamo sofferto a causa della separazione o dell'abbandono di uno dei genitori, avremo maggiori remore ad affidare il bambino.
Terzo elemento decisivo e, forse, il più importante è la possibilità di trovare la persona o la situazione adatta. Quando siamo sicuri che, in nostra assenza, il bambino è accudito da persone affettuose, siamo più disposti a separarcene.

A volte però, in genere da parte della mamma, vi è una resistenza. Qualsiasi persona, per quanto affettuosa e competente, è vista come una rivale che ruba parte dell'affetto a lei dovuto. In questi casi il padre del bambino o altri familiari possono aiutarla a superare il problema e lasciare che il piccolo abbia la possibilità di staccarsi da lei per essere più autonomo.

Il ruolo del papà

Nessuno è più indicato del padre per aiutare la mamma a superare i blocchi psicologici, tenaci, sottili e insistenti, che rendono il distacco traumatico e doloroso. È il padre il primo *altro* a cui lei può affidare il bambino in tutta tranquillità. Persino la legge ha riconosciuto il ruolo primario del padre rispetto al neonato, concedendogli, al pari della madre, la possibilità di assentarsi dal lavoro sia per paternità, sia in caso di malattia del bambino.

Al di là delle normative legislative, già fin dai primissimi giorni di vita del bambino, il padre può offrire alla mamma la possibilità di allontanarsi dal bambino senza traumi, prima per qualche ora, poi per un pomeriggio o per un week-end. Un distacco, anche breve, dall'assillo di dover provvedere da sola alle cure regala una sensazione di leggerezza e libertà benefica anche per il bambino: li prepara entrambi, con dolcezza, alla separazione che inevitabilmente dovrà avvenire.

A quale età?

Vi sono due possibilità, entrambe valide, per decidere quando affidare il bambino ad altri.

- La prima prevede di aspettare fino a quando il piccolo ha acquisito la rappresentazione mentale dell'oggetto: si rende conto, cioè, che i genitori continuano a esistere anche se scompaiono dalla sua visuale. Questo accade normalmente dopo il primo anno di vita.

- Se ciò non fosse possibile, è importante provvedere per tempo a trovare una persona adatta (nonni, baby-sitter) che stia con la mamma e il bambino fin dai suoi primi mesi di vita, in modo che l'allontanamento della mamma sia graduale e il piccolo si abitui a chi si prenderà cura di lui prima dei 6 mesi, quando inizia la fase dell'ansia da separazione.

Nel primo anno di vita, tenere a casa il bambino con qualcuno che se ne occupi offre certamente il vantaggio di poter rispondere meglio ai suoi ritmi personali. Non si deve però pensare che la soluzione dell'asilo nido non sia altrettanto valida. Nella stragrande maggioranza dei casi, le educatrici sono professionalmente preparate per dare assistenza a bambini molto piccoli, e spesso svolgono un ottimo lavoro come vicemamme. Qualunque sia la soluzione scelta, è fondamentale che nel primo anno di vita il bambino viva in una situazione il più stabile possibile, con ritmi molto regolari. Se la scelta è tra un continuo cambio di baby-sitter e il nido, è senz'altro preferibile quest'ultimo. Dopo il primo anno, il bambino può sfruttare al meglio gli stimoli che riceve dalla compagnia degli altri bambini. Lo si può mandare al nido o tenere a casa. In questo caso, è bene accertarsi che comunque esca spesso e che riceva sufficienti stimoli.

I requisiti per un'assistenza di qualità

Psicologi ed educatori sono concordi nell'affermare che, al di là di chi si prende cura del bambino, si tratti della madre, di una baby-sitter, dei nonni o delle puericultrici dell'asilo, il fattore determinante è la qualità della relazione che si riesce a stabilire.

1. L'attenzione

Per prima cosa, chi si prende cura di un bambino deve essere attento alle sue esigenze, ai ritmi del suo sviluppo, alle sue particolarità individuali.
Soprattutto a pochi mesi di vita, il bambino non può e non deve essere costretto a uniformarsi improvvisamente e necessariamente ai ritmi di pasto e di sonno di tabelle prestabilite. Le attenzioni nei suoi confronti vanno personalizzate, e il riferimento alla famiglia deve essere rispettato e tenuto vivo.
Se chi si prende cura di lui è una persona rigida e inflessibile, il bambino non potrà sentirsi a suo agio.

2. La continuità

È importante garantire la continuità della persona di riferimento. Se si tratta di una baby-sitter è bene assicurarsi, oltre che delle sue capacità di interagire con il bambino, anche della durata dell'impegno che intende prendere. Allo stesso modo, in un nido ci deve essere una persona che possa essere per il bambino un punto di riferimento affettivo privilegiato.

3. La capacità di offrire stimoli

L'ambiente in cui si trova il bambino deve essere stimolante, aperto a nuove esperienze, aggiornato, sufficientemente libero da fornire le occasioni per sperimentare, muoversi, correre, senza, ovviamente, che i piccoli siano esposti a rischi.

4. Il rispetto

Infine, il bambino va profondamente rispettato nelle sue idiosincrasie (non c'è verso di fargli mangiare i finocchi bolliti), nei suoi pudori (non vuole fare la pipì nel bagno pubblico), nel non essere etichettato (è un fifone) e tanto meno picchiato o messo in isolamento.

Tenendo conto di questi requisiti basilari, ogni soluzione (la casa, i nonni, la baby-sitter, le istituzioni pubbliche, oppure un misto di tutto ciò) offre vantaggi e svantaggi.
Le variabili da soppesare per ciascuna situazione sono numerose, ed è impossibile definire a priori quale sia la migliore.

Le posizioni dei simpatizzanti dell'educazione materna e dei sostenitori dell'educazione extra familiare si appellano a teorie contrapposte: i primi sottolineano l'importanza del legame madre-figlio per lo sviluppo del bambino, i secondi sostengono la necessità che il bambino si arricchisca stabilendo rapporti precoci con il mondo esterno alla famiglia.

Al di là delle prese di posizione ideologiche, per aiutarci a trovare la soluzione migliore proponiamo in queste pagine una guida breve e schematica dei vantaggi e degli svantaggi di ciascuna delle varie possibili opzioni.
Ricordandoci sempre che qualsiasi decisione non è mai definitiva e può essere cambiata: secondo l'età del bambino, i nostri impegni esterni e, soprattutto, la nostra tranquillità.

Alcune questioni preliminari

Prima di prendere una decisione, vanno considerate alcune variabili indipendenti dal tipo di assistenza prescelta.

1. I costi

Non è detto che la sistemazione più costosa sia anche la migliore dal punto di vista qualitativo. Nella scelta, i fattori determinanti dovrebbero essere le qualità umane delle persone che si prendono cura del bambino. Un elemento, questo, che non è mai monetizzabile.
Può risultare alla fin fine conveniente anche pagare qualcosa di più perché chi si prende cura del bambino sia flessibile negli orari: questo infatti contribuisce a farci 'risparmiare' stress e denaro per trovare sostituti.

2. *L'accessibilità*

In ordine di importanza, è il secondo elemento da valutare. Potremmo anche aver trovato una soluzione ideale, per esempio affidare il piccolo alla nonna, ma se per raggiungere la casa in cui la nonna abita dobbiamo svegliarci un'ora prima del solito e tuffarci in un traffico da incubo, ben presto le nostre riserve emotive saranno completamente esaurite.

3. *L'affidabilità*

La baby-sitter solare, allegra, dolcissima, diplomata al Conservatorio sarebbe il sogno della nostra vita. Peccato che arrivi sempre in ritardo e, immancabilmente, bruci la pappa del bambino.
Meglio allora ripiegare sull'altra contendente, un po' meno brillante, ma puntuale e sistematica.

4. *La coerenza*

È importante che si occupi del bambino una persona che si comporti in modo prevedibile e coerente, che non oscilli, cioè, tra smodate manifestazioni di affetto e astiosi scoppi di irritazione o che, dopo essersi entusiasticamente imbarcata in ambiziose iniziative, vi rinunci davanti alla prima difficoltà.

5. *La costanza*

Fino al compimento del primo anno di vita, i bisogni di socializzazione sono secondari rispetto alla necessità di avere un legame costante con la persona che si prende cura del bambino.

6. *Il rispetto di necessità particolari*

Verifichiamo la disponibilità di chi si prenderà cura del bambino ad assumersi la responsabilità di eventuali sue particolari esigenze:

- allergie e intolleranze alimentari, diete speciali dovute a malattie (celiachia, diabete, favismo...);

- impedimenti motori (stampelle, carrozzella...);
- dislessia, balbuzie, ritardi mentali, incontinenza diurna...

Tenendo conto di queste premesse, esaminiamo i pro e i contro delle diverse soluzioni.

Se si sceglie la baby-sitter

Per 'baby-sitter', si intende una persona che si prenda cura del bambino a casa nostra.

I vantaggi

- Il bambino rimane nel suo ambiente, con i suoi giocattoli, il suo lettino, gli amici dei giardinetti... Diversamente dalle soluzioni fuori casa, non ha problemi di ambientazione, oltre a quella di adattarsi alla persona che si prende cura di lui.

- È probabile che riceva più attenzioni di quelle che avrebbe frequentando un nido, dove un'educatrice deve accudire molti bambini.

- Non c'è il problema dei trasporti, a meno che si debba andare a prendere e riportare a casa la baby-sitter.

- Se si ha il modo di alloggiarla, una ragazza alla pari che dorma in casa e che sia disposta a prendersi cura anche del bambino risolverebbe il problema delle uscite serali. Si gode di una maggiore flessibilità, si può uscire prima o arrivare dopo, lavorare nei week-end e avere orari differenziati. Se però si tratta di una studentessa, la sua disponibilità durante il giorno è necessariamente limitata.

Gli svantaggi

- Non essendoci nessuno che la controlla, si corre il rischio che la baby-sitter trascorra parecchio tempo davanti alla televisione, oppure parlando al telefono.

- Il bambino è privato della possibilità di socializzare, a meno che abbia la possibilità di incontrare altri bambini ai giardinetti o nel cortile di casa.

- Il piccolo non ha la possibilità di seguire i programmi formativi che vengono dati in alcuni asili o nidi.
Chi si prende cura di lui dovrebbe avere molta iniziativa e fantasia per sopperire a questa mancanza.

- Qualora la baby-sitter si ammali o per qualsiasi motivo non possa venire, si deve prevedere una sistemazione alternativa, oppure usufruire di permessi per assentarsi qualora si svolga un lavoro dipendente.

Se si scelgono i nonni

Il 49% delle famiglie italiane ha un anziano in famiglia. Anche se mancano statistiche precise, i nonni sono in genere la soluzione più utilizzata per l'affidamento dei bambini.

I vantaggi

- I nonni hanno con il bambino un profondo legame affettivo che difficilmente si può trovare in tutte le altre persone che si possono prendere cura di lui.
Con la loro esperienza, possono arricchire la sua vita affettiva e intellettiva.

- Sono in genere elastici negli orari. Qualora si prendano cura del bambino presso la loro abitazione, in caso di emergenza possono far dormire il piccolo a casa propria.
Se invece abitano con i genitori, offrono una presenza pressoché illimitata.

Gli svantaggi

- C'è il rischio che nonni e genitori non si trovino d'accordo sui principi educativi da adottare.

Se si scelgono i micro-nidi

Presso il proprio appartamento, una persona, spesso la mamma di un bambino, si prende cura di altri 2-3 piccoli.

I micro-nidi sono la soluzione più diffusa nel Nord Europa e negli Stati Uniti. Recentemente sono stati autorizzati anche in Italia, e si stanno diffondendo velocemente.

I vantaggi

- Essendo pochi, i bambini possono seguire più facilmente i propri ritmi individuali.

- In genere c'è una buona elasticità di orario, anche se alcuni comuni limitano l'apertura dei micro-nidi a 5 ore al giorno.

- Il costo può essere notevolmente inferiore a quello di una baby-sitter a domicilio.
Alcuni comuni stanziano fondi per sostenere l'iniziativa.

- Si offre al bambino la possibilità di ricevere nuovi stimoli.

Gli svantaggi

- È necessario accompagnare il bambino e andarlo poi a prendere.

- C'è il rischio che i bambini si trasmettano malattie infettive, e di conseguenza che i genitori debbano perdere delle giornate lavorative per prendersi cura del loro piccolo malato.

- La persona cui è affidato il bambino può mancare di una preparazione professionale, oppure possono sorgere dei contrasti sui suoi metodi educativi.

- Gli spazi di solito sono ristretti, e potrebbero risultare insufficienti quando i bambini superano l'anno d'età.

Se si sceglie un asilo

Esistono strutture pubbliche e private. Indipendentemente dal costo, anche l'asilo offre vantaggi e svantaggi.

I vantaggi

- Il bambino è inserito in una struttura che ha lo scopo di coinvolgerlo in giochi, attività, programmi ed esercizi che ne favoriscano lo sviluppo armonico e completo.

- Ha la possibilità di ricevere nuovi stimoli incontrando bambini di varia estrazione sociale, di cultura e tradizioni diverse.

- Le educatrici sono in possesso di un diploma e, rispetto alle baby-sitter, in genere sono più qualificate e hanno una maggiore esperienza.

- Non si corre il rischio di non sapere a chi affidare il bambino perché la baby-sitter ci ha piantato in asso o è malata.

Gli svantaggi

- Se il numero di bambini è molto alto, si corre il rischio che non ricevano tutte le attenzioni di cui hanno bisogno.

- In alcuni casi, le assistenti possono essere demotivate.

- È più facile che il bambino contragga malattie. In tal caso si dovrà trovare una soluzione alternativa.

- Gli orari di apertura e di chiusura sono rigidi. È quindi necessario adattare gli orari lavorativi a quelli dell'asilo, o trovare qualcuno cui affidare il bambino nelle ore in cui non siamo presenti.

Come fare la scelta giusta?

La scelta dell'asilo e del nido deve essere ben ponderata. Infatti, le baby-sitter si cambiano abbastanza facilmente; i nonni, se pur si deci-

Il test per valutare asili e nidi

Questo test consiste in una serie di domande raggruppate per argomenti specifici.

- Assegnate 0 punti se la vostra risposta alla domanda è negativa o se non potete rispondere poiché non avete avuto modo di controllare.
- Assegnate 1 punto se la vostra risposta è parzialmente positiva.
- Assegnate 2 punti se la vostra risposta è pienamente positiva.

Le condizioni generali

I bambini sono allegri e coinvolti attivamente? ❐
Il livello di rumore è accettabile? ❐
L'ambiente è accogliente? ❐
Le aule sono pulite, prive di pericoli, non affollate? ❐
Il materiale di cui ogni bambino ha bisogno è sufficiente? Ed è accessibile? ❐
L'area di gioco all'esterno dell'asilo è ben tenuta e piacevole? ❐
Pensate che al vostro bambino piaceranno l'orario e le attività dell'asilo? ❐

Il rapporto tra bambini e maestre

Le assistenti, o maestre, salutano i bambini e i genitori man mano che arrivano? ❐
Le assistenti tranquillizzano i bambini quando piangono perché i genitori vanno via? ❐
Nel dare istruzioni, usano un linguaggio semplice, amichevole e positivo? ❐
Mostrano di avere senso dell'umorismo e di godersi i bambini? ❐
Sono rilassate nel gestire le reazioni emotive dei bambini e dei genitori? ❐
Evitano di usare espressioni negative come: «*No! Non si fa! Cattivo!*» eccetera? ❐
Sono realmente interessate ai bambini? ❐
C'è un buon rapporto tra il numero degli assistenti e quello dei bambini? ❐
C'è una continuità nell'assistenza? ❐
Le maestre cambiano spesso? ❐

Se il bambino ha meno di 18 mesi

I bambini possono gattonare in una zona senza pericoli? ❐
Le assistenti rispondono subito ai loro bisogni? ❐
I bambini sono lasciati nei lettini anche quando sono svegli? ❐
Le assistenti tengono i bambini in braccio, parlano e giocano con loro? ❐
Gli orari del sonno e dei pasti sono rispettati ❐
Le assistenti si lavano le mani ogni volta che cambiano i pannolini? ❐
La zona per il cambio dei pannolini è separata e isolata? ❐

L'incoraggiamento dell'autonomia

Si incoraggiano i bambini a essere autonomi e soddisfatti di se stessi? ❑
Le attività sono adatte all'età del bambino? ❑
I bambini hanno la possibilità di fare delle scelte? ❑
Si danno incoraggiamenti e limiti ragionevoli? ❑
Le maestre supervisionano il gioco senza essere invadenti? ❑

L'incoraggiamento della socializzazione

Le regole del comportamento sono eque e coerenti? ❑
Si spiegano i motivi che giustificano le regole? ❑
I bambini sono incoraggiati a trovare una soluzione positiva dei loro conflitti? ❑

Il coinvolgimento in attività significative

Le attività stimolano la curiosità dei bambini? ❑
I bambini sono liberi di esplorare? ❑
Le maestre cercano di arricchire il linguaggio dei bambini? ❑
Le maestre fanno domande che stimolano il pensiero e il ragionamento? ❑
I bambini hanno accesso a giochi adatti alla loro età? ❑
Il programma delle attività giornaliere è esposto e viene osservato? ❑
C'è equilibrio tra gioco e riposo, tra attività a piccoli gruppi e collettive? ❑
I lavori dei bambini sono esposti a un'altezza che può essere raggiunta anche da loro? ❑

I pasti e i rapporti con i genitori

I pasti e le merende sono equilibrati? ❑
È proibito portare da casa merendine, caramelle, dolciumi, salatini? ❑
Si incoraggiano le attività fisiche? ❑
Si fa uno sforzo per mantenere i contatti tra insegnanti e genitori? ❑
Si incoraggiano i genitori a visitare l'asilo? ❑
Ci sono riunioni tra la direzione e i genitori per discutere i programmi e le regole? ❑

I risultati del test

- *80-90 punti:* risultato eccellente; vale la pena di mettersi in lista di attesa.
- *60-80 punti:* risultato buono, si tratta di un asilo da prendere in seria considerazione.
- *40-60 punti:* l'asilo potrebbe essere adeguato alle nostre esigenze, ma prima di decidere pensiamoci su, torniamo a visitarlo e analizziamo più a fondo le nostre aspettative.
- *0-40 punti:* cerchiamo altrove una sistemazione per il nostro bambino.

de di non affidare più a loro il nostro piccolo, non scompaiono del tutto, fanno parte della famiglia, continuano a essere presenti. Cambiare l'asilo invece è più complicato: comporta un altro inserimento, un'altra iscrizione, il pagamento anticipato della retta, lo sradicamento da un tessuto di rapporti con i compagni e le maestre.

È quindi importante scegliere bene. Prendiamoci allora il tempo di andare a visitare l'asilo in cui pensiamo di mandare nostro figlio, portando con noi una copia del test presentato in queste pagine, messo a punto dagli esperti dell'Università dello Iowa, negli Stati Uniti.
Il test è stato ideato per valutare le qualità di nidi e asili, ma può essere utilizzato anche per valutare i micro-nidi. Può inoltre prestarsi come base per elencare le eventuali richieste di miglioramento da presentare alla direzione.

Ricordiamo però che a tutti può capitare una giornata in cui nulla funziona come dovrebbe. Per farsi un'idea precisa dell'asilo, la cosa migliore è visitarlo più volte, in diversi momenti: quello del pasto, quello del sonnellino del pomeriggio, quello in cui si svolgono attività interne e all'aperto…

Baby-sitter e nonni

«La mia mamma lavora, e io ho una baby-sitter...»

Papà domanda sempre alla baby-sitter se sono stato bravo. Invece la mamma chiede a me se è stata brava Giuliana.
(Ilaria, 8 anni)

Io della baby-sitter non me ne faccio niente, perché quando c'è la mamma lei è gentile. Ma c'è già la mamma.
(Lizzie, 4 anni)

Io piangevo perché volevo la baby-sitter come i miei compagni, e la mamma, che fa la casalinga per me, ha detto: «Che bella soddisfazione!»
(Antonio, 6 anni)

Io ho due baby-sitter, una di giorno e una qualche volta di notte. La mamma no, è fissa.
(Severina, 6 anni)

La mia mamma lavora, e io ho una baby-sitter che, se non fossi nata io, lei non lavorerebbe.
(Adelia, 4 anni)

Le osservazioni di Ilaria e Lizzie colgono il nocciolo del problema: 'Come si comporta la baby-sitter: è brava'? 'E come la vive il bambino: è sgarbata'? Sono questi i due pensieri che ci tormentano. Ma non devono preoccupare eccessivamente. I bambini sono adattabili e, co-

munque, il loro punto di riferimento sono i genitori. Le baby-sitter vanno e vengono, la mamma, no. È fissa, come dice Severina.
Dai risultati di un'inchiesta condotta tra 1000 lettrici della rivista 'Insieme', le baby-sitter, nell'opinione delle mamme, battono, se pur di stretta misura, le nonne. Questo avviene probabilmente perché sono più preparate, più adattabili e, soprattutto, perché non entrano in competizione e non pretendono di saperne di più.

Preferisco le baby-sitter (51%)	
Se non siamo soddisfatti, possiamo cambiarle senza drammi	88%
Non entrano in competizione con il genitore	78%
Sono più preparate	75%
Si possono stabilire esattamente i loro compiti	55%

Preferisco le nonne (49%)	
Amano davvero i bambini	88%
Sono state mamme anche loro	88%
Arrivano a qualsiasi ora, quando c'è bisogno	76%
Sono pazienti e perdonano tutto	75%

Ovviamente, i risultati di un'inchiesta sono sempre discutibili ma, in questo caso, hanno il merito di mettere a fuoco la preoccupazione che più tormenta i genitori: affidando il bambino ad altri, baby-sitter, nonne o maestre, saranno esautorati dal loro ruolo? I bambini non impareranno atteggiamenti, credenze, comportamenti che si contrappongono o che sono comunque diversi da quelli che cercano di insegnare?

- Mentre con una baby-sitter abbiamo il diritto di dettare le linee di comportamento, con i nonni non sempre siamo in grado di imporre le nostre convinzioni.

- D'altro canto, si corre il rischio che la baby-sitter sia piuttosto inesperta e, nel peggiore dei casi, non abbia nemmeno un rapporto affettuoso con il bambino affidato alle sue cure.

Se si decide quindi per la baby-sitter, è importante valutarla con attenzione e darsi un tempo ragionevole per il suo inserimento.

Come scegliere la baby-sitter

Il modo più sicuro per fare la scelta giusta è quello di 'ereditare' la baby-sitter da qualcuno che ha smesso di averne bisogno. Se ciò non fosse possibile, è comunque fondamentale che la persona che sceglieremo abbia buone referenze, da controllare sempre.
Il ricorso a un'agenzia specializzata nel procurare personale di questo genere comporta un costo (solitamente pari allo stipendio di un mese della baby-sitter), ma si ha almeno la possibilità di poter scegliere tra una gamma di candidate e, nel caso che non si sia soddisfatti, avere subito una sostituta.

In alcuni comuni c'è l'abitudine di tenere un registro delle baby-sitter dove sono iscritte le ragazze che hanno seguito un corso specifico a cui può accedere chi possiede un diploma di scuola superiore. Per avere informazioni sui nominativi delle persone iscritte a questo registro ci si può eventualmente rivolgere ai servizi per l'infanzia del proprio comune.

In ogni caso, per evitare errori, è di estrema importanza avere un approfondito colloquio con la candidata e dedicare del tempo al suo inserimento presso di noi.

Il colloquio

Se possibile, è bene che il colloquio avvenga in casa nostra. La baby-sitter avrà così modo di conoscere il luogo dove passerà gran parte della sua giornata e di vedere il bambino che dovrà accudire.
Dal modo con cui interagisce con lui si potranno ricavare parecchi preziosi elementi di valutazione.

• Troppa insistenza nel voler stabilire un contatto, per esempio, dimostra poca esperienza, oppure un'ansia eccessiva: meglio una baby-sitter che, pur dimostrandosi affettuosa, non pretende di conquistare il piccolo fin dal primo sguardo.
Il bambino ha bisogno di tempo per familiarizzare con la nuova venuta: deve studiarla e quindi avvicinarsi a lei.

- Dall'espressione del viso, il tono della voce, il modo di gesticolare, di sorridere, di guardare si può sapere se si tratta di una persona aperta, affettuosa e spontanea.

- Dal colloquio è anche possibile farsi un'idea su ciò che pensa a proposito di alcuni temi cruciali: le abitudini alimentari, la televisione, i giochi, l'ordine della stanza, i cosiddetti *capricci*.

- È importante inoltre informare la baby-sitter delle nostre regole riguardo al fumo, all'uso di bevande alcoliche, della televisione, del telefono, del computer...

Anche se poi potranno essere smentite, le prime sensazioni a pelle sono una buona premessa in base alla quale approfondire il rapporto.

I termini del 'contratto'

In alcuni casi, parlare di contratto per l''assunzione' di una baby-sitter può sembrare eccessivo, anche se, per evitare amare sorprese, è consigliabile attenersi alle normative.
È comunque indispensabile stabilire, mettere per iscritto e firmare una serie di punti, per evitare discussioni in futuro:

- la durata del periodo di prova e del periodo di preavviso in caso di interruzione del rapporto;
- l'orario di lavoro, la retribuzione oraria, giornaliera, settimanale o mensile, il pagamento delle ore in più, delle ferie, dei giorni festivi, di fine rapporto, i periodi di riposo durante la giornata, i permessi, le malattie;
- la definizione delle competenze: per esempio, preparare i pasti, caricare la lavatrice, tenere in ordine la stanza del bambino, portarlo fuori (con che frequenza, dove, con chi...), un eventuale altro aiuto domestico;
- l'elenco di eventuali allergie, intolleranze e gusti particolari del bambino;
- il tipo di comportamento da tenere con i bambini: per esempio, non picchiarli, strattonarli, spaventarli o usare un linguaggio volgare;
- l'impegno a tenerli sempre puliti e in ordine;
- i criteri per il consumo di caramelle, dolciumi, bibite gassate;
- l'uso del telefono, della televisione, la possibilità di ricevere perso-

Le domande da fare all'aspirante baby-sitter

Diamo qui un elenco di domande che dovrebbero essere poste nel corso del colloquio per la selezione della baby-sitter. Il questionario è stato messo a punto dagli specialisti dello sviluppo infantile del Dipartimento di Psicologia dell'Università dello Iowa, negli Stati Uniti.

Innanzi tutto, se proviene da un'altra nazione, è importante accertarsi del suo livello di conoscenza della lingua italiana: se ci comprende quando parliamo, se è in grado di rispondere al telefono, di leggere e scrivere in italiano. Possono esserci delle emergenze in cui una conoscenza dell'italiano è indispensabile.

1. Quali precedenti esperienze hai avuto con i bambini?
2. Quali scuole hai frequentato?
3. Qual è stato l'ultimo lavoro che hai fatto (prendete nota delle referenze)?
4. Perché hai lasciato quel lavoro?
5. Perché vuoi occuparti di bambini?
6. Pensi che i bambini debbano essere puniti in caso di disobbidienza?
7. Secondo te, quali sono i limiti che si devono dare ai bambini?
8. Come ti comporti, di solito, per aiutare il bambino a smettere il pannolino?
9. Che cosa fai se il bambino si rifiuta di mangiare, fa i capricci perché vuol vedere la TV, non vuole andare a dormire...?
10. Come ti comporti in caso di incidenti (per esempio, un brutto taglio, un colpo alla testa, una scottatura...)?
11. Come ti comporti in caso di emergenza (per esempio, se si rompe il tubo dell'acqua, o il sistema di riscaldamento non funziona...)?
12. Come descriveresti una tipica giornata passata con il bambino?
13. Quali giochi potresti proporre al bambino?

ne in casa, il comportamento riguardo al fumo, al consumo di cibo;

- i nostri numeri di telefono e quelli delle emergenze: pompieri, ambulanza, medico, una persona a cui fare riferimento in qualsiasi evenienza. È consigliabile che i numeri telefonici siano anche a portata di mano vicino all'apparecchio telefonico.

L'accordo servirà a chiarire le rispettive esigenze e disponibilità e a dirimere eventuali conflitti che potrebbero sorgere in seguito.

«Cara baby-sitter, ti ricordo così...»

Si chiamava Tecla, e sapeva godersi la vita. Quando veniva a prendermi in piscina, prima di tornare a casa andavamo in pasticceria. Seduti al tavolino, prendevamo un gelato o una cioccolata, e alla fine lei diceva al barista: «Metta sul conto del papà del bambino». Finché un giorno mio padre se ne accorse e la mandò via. Ero disperato.

(Marco, 15 anni)

Noi siamo due gemelle e avevamo come baby-sitter Lucilla, una studentessa cilena, che si trovava in Italia per studiare.
La sera, quando papà e mamma uscivano, ci metteva a letto: noi facevamo finta di avere paura, e lei ci dava la mano. Ma avevamo i lettini a castello. Allora Lucilla, in piedi, dava una mano a me che dormivo in alto e una mano a mia sorella che dormiva in basso: era bello, ci sentivamo difese. Lei canticchiava Guantanamera, *e ci addormentavamo.*

(Margot e Ada, 13 anni)

Laura veniva a prendermi a scuola e stava con me fino a quando la mamma tornava dal lavoro.
Io dicevo 'no' a tutto. No al mangiare, no al dormire, no al giocare. A volte, esasperata, mi portava a casa sua e cenavamo con i suoi. Il suo papà poi mi prendeva in braccio e mi leggeva una storia. A pensarci bene, è stato lui il mio vero baby-sitter.

(Enrico, 16 anni)

Il rapporto con il bambino

Il tempo necessario per l'inserimento di una baby-sitter è generalmente molto più breve di quello che è richiesto per il nido oppure per la scuola materna.
Il bambino rimane in casa con i suoi punti di riferimento: la sua stanza, i suoi giochi, il suo letto.

È comunque molto importante che il piccolo non si trovi, da un giorno all'altro, palleggiato dalle nostre braccia e da quelle dei familiari a quelle di uno sconosciuto.

Sono sufficienti solo alcuni giorni perché si abitui al volto, alla voce e agli odori della nuova persona che si prende cura di lui. Qualche ora serale e un week-end a cui aggiungere, se necessario, 1-2 giorni, andranno più che bene per l'adattamento della baby-sitter e del bambino alla nuova situazione.

- Se si vuole favorire un buon rapporto tra la baby-sitter e il bambino, è necessario, a nostra volta, investire del tempo per mantenere una buona relazione con lei. È importante farla sentire parte della famiglia, aiutarla nei momenti di difficoltà, scambiare idee per superare gli eventuali problemi che possono insorgere, chiarire le esigenze in modo da rendere esplicite le aspettative, tenerla sempre informata di quanto accade nella vita del bambino.

- Soprattutto, è importante valorizzare quanto fa per i nostri figli, trattandola con rispetto, usando sempre espressioni di cortesia nel chiederle di fare le cose, spiegandole come deve comportarsi nelle situazioni difficili, interessandosi a lei e offrendole appoggio qualora dovesse avere problemi personali.

- È preferibile parlare durante un momento tranquillo della giornata piuttosto che la mattina quando siamo sul piede di partenza e abbiamo molta fretta o la sera quando noi siamo stanchi e, a questo punto, è lei a essere sul piede di partenza.
Nel corso della giornata, diamoci degli appuntamenti telefonici per sapere come vanno le cose.

Se il nostro atteggiamento nei suoi confronti è di collaborazione e di aiuto ci ascolterà più volentieri e ci sarà grata perché i nostri colloqui non potranno che renderle il lavoro più facile. Forniamole, nei limiti del possibile, anche gli strumenti e i giocattoli che possono esserle utili per stimolare il bambino.

Io con la mamma non ho mai voglia di mangiare, invece con la baby-sitter sì. Una sera la mamma è venuta a casa presto dal lavoro e ha guardato nel buco della serratura per vedere se mangiavo davvero. «Ma che cosa ti dice la tua Tina per farti mangiare?» Niente. Se mangio, mangio.

(Ludovica, 6 anni)

Ludovica, con la sua frase lapidaria: «*Se mangio, mangio*», mette in risalto i vantaggi della baby-sitter. Spesso con lei i bambini fanno quello che noi, affettivamente più ricattabili, non riusciamo a ottenere: mangiano tutto, fanno il sonnellino, mettono in ordine i loro giocattoli...

A volte da lei accettano più facilmente i limiti perché, essendo meno coinvolti rispetto al rapporto che hanno con noi, non hanno bisogno di opporsi alle sue richieste per estorcere un'ennesima conferma.
Molti bambini si affezionano alla loro baby-sitter e stabiliscono con lei un legame profondo e duraturo.
D'altro canto, sapendo che sono affidati in buone mani, ci sentiamo sollevati e riusciamo a essere più rilassati.

Qualche volta non funziona

Ci sono le baby-sitter che ti sgridano perché non c'è la mamma, e quelle che ti sgridano apposta quando c'è la mamma.
(Teo, 7 anni)

La mamma ha fatto una scena alla Carla perché mi ha mandato all'asilo senza mutande. Lei le ha risposto che sono grande e devo fare da solo. La mamma ha detto che se sono grande non c'è bisogno di baby-sitter.
(Giulio, 5 anni)

Non sempre le baby-sitter sono all'altezza delle nostre aspettative. Episodi 'drammatici' sono capitati a tutti: bollette telefoniche astronomiche, la nostra bambina nuda, in pieno inverno, perché: «*Signora, non voleva vestirsi!*», la ragazza 'pescata' in tenero atteggiamento con il fidanzatino, una sera in cui, per caso, si è tornati prima del previsto...

Le frasi che i genitori non sopportano

Alcune frasi sono capaci di fare uscire dai gangheri anche la persona più serafica. Per evitare conflitti, avvisiamo in anticipo la baby-sitter delle nostre insofferenze.

«Ma è lui che non voleva...»

Arriviamo a casa e domandiamo: «*Il bambino ha preso la medicina?*» Lei ci guarda con aria trasognata, e risponde con candore: «*No... ha detto che non la voleva...*»

«Ma io non pensavo...»

Il bambino viene colpito da una diarrea fulminante. Chiediamo alla baby-sitter che cosa ha mangiato e scopriamo che lei gli ha offerto del gelato. Siamo furiosi. «*Non pensavo che il gelato gli facesse male,*» si difende lei, «*mi avevate semplicemente detto che era allergico al latte...*»

«Non è compito mio.»

I patti sono che la baby-sitter lavi i piatti del bambino, faccia la spesa per lui e tenga in ordine la sua stanza. Un giorno, torniamo a casa e troviamo il vasino del piccolo abbandonato nell'anticamera. «*Questo spazio non mi compete*», risponde lei con aria risentita.

«Le altre mamme erano così contente...»

Non cadiamo nella trappola, rispondendo seccate: «*Allora torna dalle altre!*» La baby-sitter si offenderebbe, magari pianterebbe tutto in asso e non si farebbe rivedere più. Meglio mantenere la calma e spiegare esattamente che cosa non ci piace del suo comportamento.

La fortuna di avere un nonno

«I nonni sono per i bambini una grande fortuna. Numerosi studi dimostrano come i bambini che vivono con i nonni crescono con un *plus* di sicurezza», afferma il grande pediatra americano Berry T. Brazelton.

> *Ma gliele danno tutte vinte. Li viziano: dolci, giochi, andare a letto tardi. Ogni capriccio è un ordine, e sono sempre io che devo fare la figura della cattiva!*
>
> (Giuliana, mamma di due bambini di 4 e 6 anni)

Ha ragione Giuliana a preoccuparsi? Non più di tanto, sostengono gli esperti. «Le concessioni dei nonni, per quanto eccessive e a volte forse irrazionali, sono la dimostrazione di un altro amore intenso e totale come quello della mamma e del papà», sostiene B.T. Brazelton.

Per il bambino, quest'esperienza di amore incondizionato è una sicurezza in più. Sa di avere accanto a sé altre persone che farebbero di tutto per vederlo felice. E non si deve temere che, confrontando l'atteggiamento dei genitori con quello dei nonni, il piccolo finisca per preferire questi ultimi. Capiscono benissimo che *i vizi* dei nonni sono una piacevole eccezione, e che la normalità si trova prima di tutto in mamma e papà.

È importante che i genitori riportino i figli alla realtà: limiti, orari, divieti, regole. I bambini sanno che sono necessari, ne sentono il bisogno anche se protestano.

Come evitare i contrasti

Come fare se i rapporti con i nonni non sono occasionali, ma continuativi? Se decidiamo di affidare stabilmente il bambino a una nonna, non si rischia che i vizi che lei concede vincano sulle nostre regole? Non solo. Al di là delle regole per il cibo e per il sonno, che cosa fare se i principi educativi, le credenze religiose, l'atteggiamento verso la vita sono in conflitto con i nostri?

- Innanzi tutto dobbiamo valutare se, nel nostro caso, pensiamo che la presenza dei nonni sia adeguata al bambino e vada bene anche per noi: la loro influenza positiva supera gli aspetti negativi?
È più importante che il bambino possa godere del loro affetto incondizionato o che rischi il mal di pancia per un'occasionale scorpacciata di dolciumi?

- Quali sarebbero i costi, non solo in termini monetari, della sostituzione dei nonni? Potremmo essere sicuri che il bambino riceverebbe le stesse attenzioni? Saremmo ugualmente tranquilli che sia affidato in buone mani?

Se noi diciamo 'no' e i nonni dicono 'sì'

- *Almeno fino ai 3 anni* è bene evitare di manifestare davanti ai bambini le nostre controversie. In particolare, per quanto riguarda i divieti, è importante proporre al bambino le stesse regole. Se abbiamo idee diverse, non importa: quel che conta è non discuterle di fronte al piccolo.
Cerchiamo un accordo su alcune linee di condotta comuni e tralasciamo il resto, presentando al bambino un fronte unico.
Il bambino piccolo, infatti, si sente al centro del mondo e tende ad attribuire a sé la causa di tutto ciò che succede, compresi i nostri malumori.

- *A partire dai 4 anni*, con l'asilo e poi con la scuola, i bambini imparano a entrare in contatto con il mondo degli adulti: un chiarimento può essere molto più utile di un silenzio carico di sottintesi.
Il bambino comincia a rendersi conto che le opinioni dei genitori e dei nonni non nascono preconfezionate, ma sono il frutto di valutazioni che si possono modificare.
Finché il tono rimane nell'àmbito di un confronto civile, le piccole discussioni possono quindi costituire un'esperienza positiva.

Se genitori e nonni hanno opinioni diverse, l'importante non è reprimerle a tutti i costi, ma spiegare il perché.
Può darsi che noi diciamo 'no' al gelato perché abbiamo paura che faccia male al bambino, mentre il nonno, d'altra parte, pensa che per una volta si può fare eccezione alla regola.

Se chiariamo i motivi dei nostri contrasti, il bambino capisce e si rassicura: noi gli diciamo 'no' perché gli vogliamo bene e ci preoccupiamo per lui. Il nonno ha detto 'sì' per la stessa ragione.
Quella che si sta discutendo è una scelta che riguarda l'educazione, certamente non l'affetto per lui.
Se perderemo un po' di tempo a spiegarglielo, lo rassicureremo insegnandogli che vi sono opinioni diverse.

È inevitabile che in ogni casa si viva un'atmosfera diversa. Rendersi conto di queste differenze aiuta il bambino a non assumere, anche crescendo, atteggiamenti rigidi.

- Pensiamo che l'influenza che abbiamo sullo sviluppo delle idee dei nostri figli sia minore di quella esercitata dai nonni? E, comunque, non dovranno, prima o poi, confrontarsi con le idee dei loro compagni, degli insegnanti, dei libri, dei programmi televisivi? Non è meglio far capire loro che si può essere in disaccordo con quanto una persona pensa senza con ciò rifiutarle il nostro affetto? Infine, sentire i bambini affermare opinioni diverse dalle nostre non può essere una buona occasione per instaurare un dialogo?

- Se non sempre siamo d'accordo su ciò che fanno i nonni, anziché contrapporci, possiamo provare a cercare un compromesso concordando insieme una lista di comportamenti che riteniamo utili per il benessere del bambino.

- Qualora i tentativi di compromesso e di dialogo con i nonni falliscano, si può decidere una soluzione diversa.

L'importante è che i nonni continuino a vedere i nipotini al di fuori della routine quotidiana: li godranno di più, e manterranno comunque un legame profondo con loro.

Il bambino fuori casa

Stare lontani dai bambini può causare angoscia e tristezza, soprattutto se non si è sicuri di averli affidati alla persona adatta. Spesso però i nostri timori sono immotivati o comunque sproporzionati, e rischiano di avere come unico effetto quello di comunicare ansia al bambino rendendo più difficile il suo inserimento. Il rischio è, infatti, di attribuire a lui sensazioni, sofferenze, ansie e paure che invece sono unicamente nostre.

Portiamolo a conoscere la nuova situazione prima che cominci ad andarci...

Il bambino non si angoscia nello scoprire che all'asilo non c'è posto, né si rende conto che la baby-sitter ha lasciato i pannolini sporchi in disordine nel bagno.
Spesso, il suo nervosismo non è che il riflesso del nostro.
Di fatto, i bambini hanno maggiori capacità di adattamento, più tolleranza e meno idiosincrasie di quante ne abbiamo noi. Diamoci allora del tempo per adattarci alla situazione o, almeno, per cercare con calma una soluzione più soddisfacente. Scopriremo che, spesso, il nostro piccolo è più forte di noi.

La capacità di socializzazione

Contrariamente a quanto gli psicologi hanno sostenuto per molto tempo, anche i bambini di pochi mesi posseggono la capacità di stabilire relazioni con altri bambini. Attraverso tecniche di osservazione molte sofisticate, ricerche condotte negli anni Novanta sono riuscite a dimostrare che:

- i bambini anche piccolissimi sanno identificare la propria immagine riflessa in uno specchio e distinguerla da quella di altre persone;
- sono capaci di concentrare l'attenzione su un altro bambino della loro età per un tempo più lungo di quello in cui si concentrano sul volto della madre;
- sono gelosi e si irritano se per esempio vedono una puericultrice prendere in braccio un altro bambino;
- al nido tengono d'occhio la porta, in attesa che arrivi un compagno;
- se sono muniti di strumenti musicali, rispondono ai suoni generati dagli altri bambini;
- consolano un altro bimbo che piange, dandogli un giocattolo, un peluche.

Gi accorgimenti per un buon inserimento

Qualunque sia la situazione esterna in cui il bambino dovrà inserirsi (una famiglia, il nido, la casa di una vicina, la scuola), è importante prepararlo con una serie di piccoli accorgimenti raccomandati dagli esperti.

1. Portiamolo a conoscere la nuova situazione prima che inizi ad andarci

Tenendolo per mano, facciamo un giro esplorando ogni angolo.

«Qui c'è l'armadio con le scatole dei giochi.»

«Questo è il tavolo dove ti siederai per mangiare.»

«Senti questo suono buffo? Ti avvisa che cominciano le attività...»

2. *Facciamo insieme il gioco dei ruoli*

In casa, proponiamogli il gioco dei ruoli con dei pupazzi: uno impersonerà la maestra, l'altro il bambino, e altri ancora eventualmente i compagni.
In tal modo, il piccolo capirà che andare fuori casa è un fatto del tutto normale, così come mangiare, fare la spesa, andare dal dottore, lavorare...

3. *Lasciamogli portare con sé tutto quello che vuole*

A meno che non ci siano divieti specifici da parte dei responsabili della struttura a cui affidiamo il bambino, facciamogli portare con sé puffi, peluche, collanine o bambolotti.
Questi oggetti creano un legame affettivo con la sua casa e rendono il distacco meno difficile.

4. *Mostriamo di avere fiducia nelle persone che lo seguono*

Non critichiamo mai nessuno di fronte al bambino, e invitiamolo anzi a fare riferimento alle persone che lo seguono: «*Chiedi alla signorina, ti dirà lei che cosa fare... sa tutto!*»
Se proprio ci fossero dei problemi, cerchiamo di chiarirli con gli interessati prendendoli da parte in un momento in cui il bambino non è presente.

5. *Comunichiamo ottimismo*

Solo così potremo trasmettere al bambino la tranquillità necessaria per affrontare il distacco.
Anche se siamo preoccupati, non facciamoci sfuggire frasi che comunicano insicurezza.

«Chissà come ti troverai!»

«Speriamo che la signorina sia brava!»

«Cerca di non litigare con i bambini...»

6. *Allontaniamoci per gradi*

Ecco come dovrebbe essere l'allontanamento dal bambino.

- **Annunciato.** Ogni volta che ci allontaniamo dal bambino, anche solo per qualche minuto, diciamoglielo: «*Adesso vado a parlare con i genitori dei tuoi compagni. Vedi? Ci siederemo su quel divano vicino alla porta*».

- **Graduale.** I primi giorni ci allontaneremo prima per pochi minuti, poi, via via, per tempi più lunghi, fino ad arrivare a una mezza giornata e, poi, all'intero arco della giornata.

- **Rassicurante.** Tornando da lui, facciamoci accompagnare da un'assistente. Vedendoci insieme saprà che c'è un'altra persona a cui può fare riferimento e di cui si può fidare. Se ci chiede di aiutarlo a fare un gioco o a ritagliare una figura, cerchiamo prima di farlo noi, poi chiamiamo l'assistente per farci aiutare: «*È più brava di me a fare le barchette, e poi, sai, lei sa raccontare tante storie...*» In tal modo gli riuscirà più facile accettare la nuova figura che si prenderà cura di lui.

Storie di ordinaria difficoltà

> *All'inizio andava tutto bene. Poi, tutt'a un tratto Francesco ha cominciato a fare storie. Quando arriviamo all'asilo, si attacca alla mia gonna e non vuole lasciarmi andare. Non so che cosa fare.*
> (Marilena, mamma di Francesco, 4 anni)

La strada verso l'autonomia è un sentiero tortuoso fatto di curve, controcurve, discese e improvvisi dietrofront. È come quando il bambino impara a camminare. Questo continuo cambio di atteggiamento non deve preoccupare: è il modo con cui affronta la novità. Succede anche a noi, per esempio quando cambiamo posto di lavoro. I primi giorni siamo entusiasti, vediamo tutto rosa, poi ci assalgono i dubbi e vorremmo tornare indietro.
Facciamolo parlare ascoltandolo, senza intervenire con giudizi, consigli e incoraggiamenti. Ciò di cui il bambino ha bisogno è sentire che capiamo il suo disagio e che gli siamo vicini.

All'asilo mi dicono che non ci sono problemi. A casa però sputa il brodo, vuole essere imboccato. La sera vuole venire nel lettone, e quando lo convinciamo a tornare nel suo letto, chiede il ciuccio...
(Fiamma, mamma di un bambino di 4 anni)

«Si tratta di comportamenti normali,» assicura la psicoterapeuta Analia Setton, «che non devono destare preoccupazione. Comportandosi in questo modo, il bambino ci chiede di ridiventare piccolo e tornare a godere dei privilegi e delle attenzioni che aveva prima di andare a

Come infondere sicurezza a un bambino

Facciamo il tifo per lui

Inserirsi in un nuovo ambiente richiede un grande sforzo di adattamento. Se ci dicono che si è comportato bene, non lesiniamo i complimenti, né mettiamo alcun limite al nostro entusiasmo. Se invece ci raccontano che ha bisticciato con tutti, non sgridiamolo. Mostriamo invece il massimo della nostra comprensione.

«È stata una brutta giornata, vero?»

«Capisco che non sia facile andare d'accordo con certi compagni...»

«Adesso torniamo a casa, ci riposiamo e prepariamo un bel pranzetto. Che ne dici di un piatto di gnocchi?»

Parliamo delle nostre emozioni

Facciamogli capire che la lontananza è difficile anche per noi. Raccontiamo che abbiamo pensato a lui tutto il giorno, e che non vedevamo l'ora di incontrarlo. Non diciamogli però che eravamo tristi: si rattristerebbe anche lui. Cerchiamo invece di porre l'accento sempre sul lato positivo, insistendo sulla voglia di rivederlo e sulla gioia nel ritrovarlo. Esprimendo le nostre emozioni, lo aiuteremo a capire le sue e a controllarle meglio.

Alterniamoci con il papà o altre persone della famiglia

Quando è possibile, chiediamo al papà o ai nonni di accompagnarlo. Sentirà in questo modo di avere diverse persone vicino a lui che partecipano alla sua nuova esperienza.

scuola. Fosse anche solo per una sera. Le sue richieste vanno perciò sempre accolte. Più capirà che siamo disposti ad accettare i suoi momenti di regressione, più crescerà in fretta.»

Lo conferma il pediatra americano Berry T. Brazelton: «Durante il periodo di inserimento, fate attenzione a non criticare i vostri piccoli, perché hanno bisogno innanzi tutto della vostra approvazione e del vostro totale sostegno».

Per convincerlo ad andare all'asilo, evitiamo anche di pigiare sul tasto dell'«*ormai sei diventato grande*». In tal modo, lo si carica di una grave responsabilità. Meglio dirgli: «*Sei cresciuto e ora vai a scuola, però sei sempre il mio piccolino*», facendogli capire che c'è ancora spazio per il suo 'essere piccolo'.

Non riconosco più la mia Valentina. È diventata sguaiata, risponde male, dice le parolacce, e appena il fratellino più grande le dà fastidio comincia a mordere e a tirargli i capelli...
(Silvana, mamma di due bambini piccoli)

È normale rimanere sconcertati davanti a questo cambiamento improvviso e attribuirne la causa alla scuola.
Facciamo però attenzione a non manifestare la nostra delusione in presenza del bambino perché, senza accorgercene, gli comunicheremmo un'immagine della scuola altamente negativa.
Sarebbe poi molto difficile convincerlo ad andare ogni giorno in un posto che da una parte osanniamo e dall'altra riteniamo responsabile di tutti i suoi difetti.

Teniamo anche presente che queste manifestazioni possono essere il sintomo di una crisi di crescita, il tentativo di metterci alla prova, di verificare se alcuni suoi comportamenti sono tollerati oppure no.
Senza drammatizzare, diciamogli con fermezza che non ci piace il modo con cui si comporta, ma, al tempo stesso, affrettiamoci a confermare il nostro amore per lui con un grande abbraccio.

Ogni giorno esco in fretta e furia dall'ufficio per arrivare in tempo a prendere mia figlia all'asilo. Ogni volta rischio un incidente con la mia automobile, e quando arrivo tutta trafelata, che cosa fa lei?

Scoppia a piangere disperata! Come se le facessi un dispetto! Sembra quasi che voglia più bene alla maestra e alle sue amichette. E la cosa mi fa rabbia!
(Luana, mamma di una bambina di 4 anni)

Come abbiamo visto, non sempre il pianto è provocato da dolore o disappunto: può semplicemente essere una manifestazione di una forte emozione. Non scoppiamo a piangere nel rivedere una persona cara dopo tanti anni? Con ogni probabilità, questo pianto dimostra solo che la bambina è molto sensibile. Il momento del ricongiungimento è difficile quanto quello della separazione. Anzi, più il distacco è costato fatica, più forte sarà l'emozione nel rivedersi.

A volte invece il pianto manifesta il legame che il bambino ha con noi. Si attacca alle gonne della maestra per ricordarci che, dalla mattina, l'abbiamo lasciato. Ancora più crudele è l'indifferenza con cui ci accoglie, continuando a giocare, come se niente fosse: «*Finora hai deciso tu: quando portarmi qui, quanto tempo ci devo stare. Adesso decido io. Vengo via quando ne ho voglia!*»
Ignorandoci, il bambino vuole punirci. Dal suo punto di vista, in parte ha ragione. Comunicandogli comprensione, gli insegneremo a non tenere il muso, ma a esprimere in modo positivo i suoi sentimenti.

Come ristabilire il dialogo

Il mio papà viene a prendermi, mi domanda com'è andata la giornata e io gli dico che «ho fatto manualità».
(Duilio, 5 anni)

«Che cosa avete fatto oggi a scuola?» mi chiede ogni giorno la mamma. «Niente di speciale», rispondo, e lei si arrabbia.
(Elio, 8 anni)

Perché i bambini non vogliono parlare? Perché di fronte a una nostra domanda innocente, che dimostra interesse nei loro confronti, rispondono male? Potremo avere il diritto di informarci su come hanno passato la giornata?

Certo, ma chi di noi accetterebbe il tormento di essere inquisito ogni giorno con le stesse, rituali domande?
Spiega lo psicologo Giovanni Marcazzan: «Le domande che iniziano con le parole: 'Perché? Chi? Che cosa? Come mai?' sono vissute come provocatorie. Indagano, controllano, non favoriscono il dialogo, non invitano alle confidenze. Il bambino si mette sulla difensiva, si chiude in se stesso temendo che, se risponde, riceverà delle critiche, altre domande, ancora interrogatori. Allora per difendersi risponde a monosillabi, dice mezze verità o addirittura si inventa bugie».

A casa, sente il bisogno di essere accolto, festeggiato, coccolato: «*Come va? Hai fame? Riposati un po'*».
Poi, una volta soddisfatti i bisogni primari, fame, sete e riposo, il bambino potrà anche aprirsi alle confidenze. Ma, anche in questo caso, non va preso di petto. Per aiutarlo, potremo raccontargli qualcosa che ci è capitato durante la giornata.
Sentendo la nostra disponibilità, a poco a poco si aprirà da solo, nel modo più inaspettato.

Cerchiamo, in ogni caso, di non fare domande generiche, del tipo: «*Che cosa hai fatto oggi?*», ma di essere il più possibile specifici: «*Ho visto che avete usato i pennarelli, quale disegno hai fatto?*»
Se non vuole parlare, non insistiamo. Ciò che propongono gli esperti di comunicazione è di rovesciare la prospettiva.

Dai 'messaggi-tu' ai 'messaggi-io'

Parliamo di noi passando, come si dice in termini tecnici, dai *messaggi-tu* ai *messaggi-io*.
È una piccola rivoluzione nella maniera di comunicare, che capovolge il nostro modo di rapportarsi con i bambini. Ma ne vale la pena, perché i vantaggi sono innumerevoli e sorprendenti.
Che cosa sono questi *messaggi-io*? Se chiediamo qualcosa a una persona, dobbiamo necessariamente usare il *tu*. Tale convinzione è talmente radicata, che ci risulta difficile pensare a una frase con cui rivolgersi ai bambini utilizzando l'*io*.
Ci siamo mai chiesti perché?

In genere le frasi che cominciano con l'*io* parlano di noi, dei pensieri, dei sentimenti, dei dispiaceri e delle nostre gioie. Raramente parliamo di questi argomenti con i nostri bambini. Il più delle volte ci rivolgiamo a loro per chiedere qualcosa, per rimproverarli, per esortarli, per avvertirli di un pericolo. E allora ci viene spontaneo usare il *tu*.

Anche quando ci fanno arrabbiare, per evitare che sentano puntato su di loro l'indice dell'accusa e reagiscano chiudendosi o aggredendoci, proviamo a parlare dei fatti e di noi stessi. Si tratta di:

- dare una descrizione oggettiva e imparziale della situazione: «*Arrivo a casa stanco morto e vi vedo litigare: non mi piace per niente*»;
- descrivere gli effetti del comportamento dei bambini: «*Mi innervosisco, e poi mi metto anch'io a urlare con voi*»;
- spiegare i sentimenti che suscita in noi e chiarire le nostre richieste: «*La cosa mi fa arrabbiare molto. Vorrei rilassarmi un po', così poi staremo meglio insieme*».

Le frasi che non funzionano

Invece di...

«La maestra dice che fai il bravo. Ma in casa mi fai dannare.»

...proviamo così

«Sono molto contento di te a scuola. Stai imparando tante cose e so che sei capace di comportarti nello stesso modo quando sei a casa.»

Invece di...

«Ah, non vuoi andare a scuola? E invece ci devi andare.»

...proviamo così

«Non vuoi andare a scuola, vero? Ti capisco.»
«Anch'io a volte non ho voglia di andare a lavorare. Dimmi cos'è che non ti piace...»

Invece di...

«Fammi vedere che cosa hai imparato.»

...proviamo così

«Ho visto tanti lavori e tanti disegni esposti nella tua classe. Anche tu ne hai fatto uno?»

Invece di...

«Dici le parolacce, ti comporti male: a scuola ti insegnano proprio delle belle cose!»

...proviamo così

«Non mi piace quando parli così e ti comporti in modo violento. So che sai parlare e comportarti in modo gentile, e mi piace tanto quando lo fai.»

Invece di...

«Vengo a prenderti, e nemmeno mi guardi!»

...proviamo così

«Mi sembra che tu sia un po' arrabbiato con me. Ti capisco: anch'io avevo tanta voglia di vederti, e l'ora di venirti a prendere non arrivava mai!»

Le ripicche: musi e capricci

Dopo che l'ho privato del suo papà, dal momento che ci siamo separati, mi sono sentita così in colpa, che ho esaudito ogni suo capriccio. Mio marito ha fatto lo stesso, sommergendolo di robot, vestiti, videogiochi. Così Paolo ha capito perfettamente il nostro bisogno di riscatto, e ne approfitta.

(Francesca, mamma di Paolo, 6 anni)

Io esco la mattina presto per andare in ufficio e rientro a casa la sera alle sette. Sto così poco con mio figlio, che a volte non resisto alla tentazione di portargli un regalino a sorpresa. Mi sembra di indennizzarlo almeno in parte per il tempo che non gli posso dedicare. Il problema è che ultimamente, quando la sorpresa non c'è, me la fa pagare con scenate e capricci.

(Alessandra, mamma di un bambino di 4 anni)

«Quando non gli faccio un regalino, si vendica con scenate e capricci...»

Sostiene il pediatra americano Berry T. Brazelton, autore di molti testi sul rapporto genitori-figli: «Il bambino *capriccioso*, che chiede continuamente giochi, in realtà domanda certezze e limiti».
Se non li ottiene, insiste e continua nella sua sfida, aspettandosi da un momento all'altro che succeda qualcosa.

Continua B.T. Brazelton: «L'esperienza di molte generazioni, confermata da recenti ricerche, prova che i limiti stabiliti in età precoce sono formativi e rendono capaci i giovani di fissare a loro volta dei limiti e di rispettarli».
Questo non vuol dire imporre regole rigide o esigere un'obbedienza cieca, ma piuttosto dire di no spiegando sempre le ragioni della nostra linea di condotta.

Che cosa si nasconde dietro un capriccio

Quelli che noi chiamiamo ricatti, capricci o disubbidienze sono per il bambino il modo di stabilire quali sono i rapporti tra lui e gli adulti. Mettendoli in atto, raggiunge diversi obiettivi.

Suscitare l'interesse dei genitori

Spesso è così che attira la nostra attenzione. Quando sta buono, ne approfittiamo per sbrigare le nostre faccende. E allora, tanto vale...

Facciamo un classico esempio. Il papà torna a casa la sera e i bambini lo vorrebbero tutto per sé. Invece lo vedono buttarsi sulla poltrona davanti alla televisione, con il telecomando in mano, e annunciare: «*Sono stanco morto. Vorrei finalmente un po' di pace!*»
I bambini cominciano a litigare, tirano la tovaglia del tavolo apparecchiato per la cena, fanno cadere un piatto: costringono così il papà ad alzarsi, arrabbiarsi, magari si prendono uno sculaccione, ma intanto sono riusciti a schiodarlo dalla poltrona.

Capire chi comanda in casa

«*Mamma mi ha detto che potevo giocare con il computer*», annuncia serafico Federico quando il papà gli ordina di spegnerlo. Non è vero, ma il piccolo ricattatore ci prova.
Le possibilità sono due: o il papà ci crede e lo lascia stare, oppure si arrabbia con la mamma. I due cominciano a litigare e, approfittando del trambusto, lui continua a trafficare con il *mouse*.

Scoprire fino a dove si può arrivare

«Mamma si arrabbia se vengo a tavola con le mani sporche: fino a che punto devono essere sporche perché si arrabbi?»

«Papà grida quando lascio le scarpe nel corridoio. Continuerà a gridare o, dopo un po', si stancherà?»

Il bambino vuole sapere quanto rigidi sono i nostri divieti, se facciamo sul serio oppure siamo soltanto brontoloni.

Sono fuori di casa per lavoro tutta la settimana, e sto così poco con mio figlio che quando lo vedo non riesco a negargli niente. Mia moglie, poi, è lì che non aspetta altro che io metta piede in casa per fare ordine: «Vedrai che cosa ti fa papà, quando arriva». Ma io non ho nessuna intenzione di essere l'orco cattivo della situazione.

(Fiorenzo, papà di un bambino di 6 anni)

La verità è che ho paura che il mio bambino, che già mi vede poco, non possa sostenere la delusione di vedersi negare ciò che desidera. Quando vedo mio figlio reagire con tanta delusione e rabbia perché non riesce a soddisfare un suo desiderio, temo di spegnere in lui la voglia di fare, la sua iniziativa, e di trasformarlo in un robot senza carattere.

(Marcello, papà di un bambino di 5 anni)

Non riesco a sopportare il fatto che Lorenzo sia arrabbiato con me. Quando gli nego qualcosa, mi risponde: «E allora io non ti voglio più bene». Per questo sento il bisogno di andare subito a 'fare pace'. E a volte accetto perfino di essere presa a pugni da lui, in modo che possa sfogare la sua rabbia.

(Maria Laura, mamma di Lorenzo, 5 anni)

Spiega il pediatra Roberto Albani: «Innumerevoli studi condotti in ogni parte del mondo dimostrano che i bambini non sono affatto così fragili come sembrano: al contrario, sono facilmente adattabili. Non solo. Il legame dei bambini con i loro genitori è troppo profondo per essere messo in pericolo. Le loro rabbie improvvise e profonde nei confronti del papà o della mamma che dice di no si dissolvono sempre senza lasciare alcuna traccia».

Ma allora, perché cediamo alle loro richieste? Forse vogliamo dare loro una prova d'amore? Farci 'perdonare' lo scarso tempo che possiamo dedicare, vederli sorridere nonostante il dramma di una separazione?
Del resto, a volte, senza cercare chissà quali remote ragioni o scavare nel profondo, conosciamo bene i meccanismi delle compensazioni affettive.
Noi stessi barattiamo i sentimenti con gli oggetti. Quando siamo 'giù' entriamo in un negozio e compriamo un abito o un paio di scarpe che magari non metteremo mai, oppure mezzo chilo di pasticcini. «*Ce li meritiamo*», diciamo, per giustificarci.

> *La mattina io sono piena di caramelle e biscotti perché ci vuole il distacco dolce.*
> (Assunta, 4 anni)

Senza volerlo, ai nostri figli trasmettiamo lo stesso principio. Se siamo assenti da casa per tutto il giorno, torniamo a casa con un regalo, e quando l'ultimo nato assorbe tutte le nostre attenzioni, teniamo *buono* il grande con qualche giocattolo.
Nasce così un rapporto *viziato*: il regalo, gli oggetti diventano un mezzo di comunicazione tra noi e i nostri bambini. Ma è il rapporto a essere viziato, non il bambino.
Il risultato è inevitabile: se noi doniamo affetto attraverso le cose, il bambino chiederà affetto con la richiesta continua di giocattoli. Sottomettersi a questo gioco significa spianare il terreno a esigenze sempre maggiori e incontrollabili.

I segreti per non farsi ricattare

Evitare di costruire, nel poco tempo che abbiamo a disposizione, un rapporto 'viziato' con i bambini è possibile. Qui di seguito forniamo alcuni consigli a questo proposito.

1. Dimostriamo di capire le loro esigenze

«Lo so che ti piacerebbe tanto stare con la mamma (o con il papà) ancora un po'. Anche a me piacerebbe.»

Bastano poche parole per trasmettere a un bambino che non siamo *contro* di lui, ma *con* lui.
Se sente che comprendiamo e accettiamo le *sue* ragioni, sarà più disponibile ad ascoltare le *nostre*.

È il primo passo per stabilire un dialogo. Spiega il pediatra Marcello Bernardi: «Ciò di cui i nostri bambini hanno maggiormente bisogno non sono regali, e nemmeno severità o permissivismo, ma *strategia dell'attenzione*. Diamo loro attenzione, ascoltiamo i loro desideri, sogni, aspirazioni come vorremmo che gli altri ascoltassero i nostri: con comprensione e affetto. 'Attenzione' significa anche non sopire il conflitto tra genitori e figli, non dare troppo pur di ottenere il silenzio. Il '*fai come vuoi*' ripetuto troppo spesso spegne l'interruttore fondamentale della crescita: la voglia di combattere».

2. *Limitiamo i 'no' a poche situazioni*

Decidiamo una linea di condotta della quale siamo convinti, e diamo ai bambini poche regole, che però riteniamo fondamentali e che sappiamo di poter gestire.

«Credo che, nel profondo, un bambino cui non si permette di fare tutto quello che vuole può sentirsi sollevato nel trovare un argine», afferma Gianna Polacco Williams, responsabile per la psicologia infantile al Centro Tavistock di Londra, famoso per essere stato il primo al mondo ad applicare i metodi della psicologia moderna ai bambini.

Immaginiamo di camminare su un sentiero di montagna che si snoda lungo l'orlo di uno strapiombo.
Siamo presi dalla paura di cadere. Se però lungo il percorso c'è un corrimano, un limite che definisce gli spazi entro cui camminare, ci sentiamo più sicuri.

Lo stesso succede con i bambini: quando hanno un argine, un 'no' che impone un limite, si sentono sicuri, sanno che c'è qualcuno che si interessa di loro, come quando la sera, a letto, prima di dormire, vogliono essere rimboccati stretti stretti nelle coperte.

3. *Annunciamo quello che ci aspettiamo da loro*

Anziché imporre divieti, volgiamo le cose in positivo dicendo chiaramente al bambino che cosa deve fare e quale tipo di comportamento vogliamo che adotti.

In questo modo si ottengono due risultati:

- lo aiutiamo a prepararsi al compito richiesto;
- conoscendo le nostre aspettative, è più probabile che cerchi di cooperare. Indirettamente è una dichiarazione di fiducia nei suoi confronti. Ed è dimostrato: le attese positive tendono a realizzarsi.

Dire chiaramente ciò che vogliamo che accada dà ai bambini la possibilità di regolarsi per evitare gli ostacoli e bloccare i conflitti prima che inizino.

«Stasera devo lavorare al computer perché domani, al lavoro, devo presentare una relazione. Desidero stare tranquillo senza che nessuno mi interrompa.»

«Oggi verrà la nonna: non voglio che tu e tuo fratello litighiate e urliate perché è stanca e ha bisogno di riposo.»

«Sta per arrivare la baby-sitter. Prima che io esca, la stanza deve essere a posto.»

Non sempre funziona, ma, se non altro, qualora si perdesse la pazienza, i bambini ne capiranno la ragione.

4. *Definiamo prima i limiti e spieghiamone le ragioni*

Spiega la psicoterapeuta Rita Reschiotto: «Non è una questione di quanto tempo si sta insieme con il bambino, ma di come lo si fa. A ben guardare, infatti, non gli dedichiamo che briciole, rimasugli, schegge della nostra giornata. Il bambino ha così la sensazione di rubare il nostro tempo, di doverselo conquistare. Ha bisogno invece di uno spazio di tempo tutto suo, piccolo ma incontaminato, in cui siamo lì per lui. Solo per lui. Bastano dieci minuti per farlo contento, purché abbiano il sapore dell'esclusiva».

Se non abbiamo tempo, annunciamo i limiti della nostra disponibilità, facendo chiarezza sulla sequenza dei fatti.

«Adesso andiamo dai nonni, stiamo insieme dieci minuti, poi io esco a fare le commissioni, e tu puoi giocare fino a che arriva il papà.»

«Ora sto leggendo il giornale, poi dovrò fare una telefonata, e dopo potremo stare insieme.»

Allo stesso modo è importante preannunciare il distacco.

«Ti leggo ancora un racconto, e poi dovrò mettermi a lavorare al computer.»

«Giochiamo altri dieci minuti, e poi vado a cucinare.»

Non sanno ancora leggere le ore, ma questi miniprogrammi, pronunciati con dolcezza e decisione, rassicurano i bambini molto più di tanti 'tira-e-molla'.
Meglio quindi dieci minuti al giorno dedicati esclusivamente a loro che ore di distratte attenzioni, grugniti per tenerli a bada, mezze risposte date malvolentieri.

STORIE DI VITA

Sofia e il suo papà

Sofia, 3 anni, adora il suo paparino. L'infatuazione è reciproca. Il papà stravede per gli occhi blu della sua bimba, ma non sopporta che, la sera, quando finalmente potrebbe aprire il giornale e leggerselo in santa pace, lei gli salti addosso, gli tolga gli occhiali e gli riduca il giornale in una pallottola. Lo scontro, immancabilmente, finisce in tragedia. Il papà solleva di peso Sofia, la fa 'atterrare', incurante dei suoi strilli, nella sua stanza, e chiude la porta. «Vuole solo stare un po' con te!» gli grida la moglie. «Poverina, non lo vede mai...» borbotta la suocera. «È una rompiscatole!» parteggia il fratello maggiore. Durante la cena, tutti rimangono cupi, ostinata-

mente silenziosi, e in seguito mamma e papà passano buona parte della notte a litigare. Dopo essersi consultati con una coppia di amici, decidono di cambiare strategia.

Il papà arriva a casa, lascia la sua valigetta sul divano, solleva di peso Sofia e la copre di baci. Poi si accovaccia vicino a lei, le prende la manina e le dice: «Facciamo un patto. Io so che tu vuoi che giochi con te. Però io voglio prima leggermi il giornale in santa pace. Se tu mi lasci leggere mentre giochi tranquilla vicino a me, poi io mi dedico a te fino all'ora di cena! Promesso?» «Promesso», dice Sofia, correndo in camera a prendere i suoi giocattoli.

Alcuni giorni dopo, Sofia, tutta compunta, ammonisce la mamma che parla al papà mentre legge il giornale. «Sssh!» dice. «Il papà legge il giornale. Non si può parlare!»

Conciliare gli impegni con l'amore per i figli

«Non posso, perché ho del lavoro da fare...»

«Devo scappare, perché se no arrivo tardi al lavoro...»

«Ti porterò al cinema quando avrò finito il lavoro...»

Ma chi è, si domandano i bambini piccoli, questo signor Lavoro, che si frappone tra loro e i genitori? Che toglie loro la possibilità di goderseli? Che immancabilmente appare ogni mattina per portarseli via, perentorio, frettoloso, inflessibile?

«Adesso devo andare, altrimenti arrivo tardi al lavoro», diciamo mentre mettiamo i nostri bambini in macchina, ci destreggiamo nel traffico, li scarichiamo da qualche parte, li salutiamo con la mano e guai a essere richiamati indietro, per piangere, per un innocente capriccio: *«Non fare così! Devo andare al lavoro!»*

Poi, un bel giorno, arriva il momento in cui ci fanno delle domande precise.

«Perché non rimani a casa con me?»

«La mamma del mio amico Giorgio sta sempre con lui! Perché tu invece no?»

«Perché il papà torna così tardi la sera?»

Prima o poi succede, quando cominciano a fare dei paragoni tra la loro situazione e quella degli altri compagni. Invece di farsi prendere dai rimorsi, cogliamo l'occasione, se non lo abbiamo mai fatto, di parlare con loro dei nostri impegni.
Anche in questo caso, il messaggio che il bambino riceverà dipende da come noi viviamo e presentiamo la nostra esperienza.

Parliamo con il bambino dei nostri impegni

In un momento di calma, prendiamolo da parte e cominciamo a chiacchierare con lui, cercando di spiegare la nostra attività, le abilità che ci sono richieste, la fatica ma anche le soddisfazioni che ne ricaviamo, e rassicurandolo, al tempo stesso, del fatto che, se pur lontano, è sempre presente nei nostri pensieri.
Raccontiamo che sulla scrivania teniamo sempre la sua foto e prendiamo l'abitudine di telefonargli spesso, anche se è molto piccolo.

Chiediamogli 'aiuto'

Quando diventa più grande, chiediamogli di aiutarci con qualche idea nuova o una soluzione per un problema: «*Per ricordarmi tutto quello che devo fare, tu che dici, è meglio che prenda appunti sull'agenda da tavolo o al computer?*»
Spronato a darci un consiglio, si sente coinvolto nelle nostre decisioni e ha la sensazione di contribuire con un piccolo aiuto al successo della nostra attività. È importante però non parlare al bambino degli eventuali problemi più grossi che possiamo incontrare sul lavoro: ciò che ne ricaveremo sarà di farlo sentire responsabile delle nostre tensioni. A spiegarci il perché è il grande psicologo svizzero Jean Piaget, che usava il termine *ego*-centrico per indicare la difficoltà del bambino di pochi anni a mettersi nei panni degli altri. *Ego*centrico vuol dire proprio questo: riferire tutte le esperienze (e le cose) unicamente al proprio *ego*, che in latino significa '*io*'.

Mostriamo al bambino dove e con chi lavoriamo.

Le parole da scegliere

Quando incontriamo un bambino affidato alle cure di una baby-sitter, spesso non resistiamo a porre la seguente domanda: «*Sei con lei perché la mamma è al lavoro, vero?*»
In tal modo, gli è trasmesso e confermato un pregiudizio. Il ruolo casalingo della donna è talmente radicato, che a volte è lei stessa a commentare desolata: «*Vedi, io non posso rimanere con te, devo andare a lavorare*», come se il padre fosse esonerato dal prendersi cura del bambino. In realtà il piccolo viene affidato a qualcuno perché entrambi i genitori, padre e madre, sono al lavoro.

Parlare di *genitori*, non solo della mamma, che sono assenti perché entrambi hanno i loro impegni trasmette diversi messaggi importanti:

- padre e madre hanno la stessa necessità di andare a lavorare;
- entrambi si prendono cura del bambino;
- il bambino non se la prenderà con la mamma perché lo lascia 'solo';
- la madre si sentirà meno a disagio se il suo lavoro è posto sullo stesso piano di quello del suo compagno;
- il bambino non crescerà con la convinzione che il lavoro è un obbligo per il papà e un *optional* per la donna.

Mostriamogli dove e con chi lavoriamo

Piuttosto, in un giorno di vacanza, portiamolo con noi lungo la strada che prendiamo per arrivare al lavoro e facciamogli vedere il luogo dove passiamo le nostre giornate. In tal modo, questo misterioso signor Lavoro che lo ha ossessionato fin dai suoi primi vagiti verrà finalmente svelato.
Se ne abbiamo l'occasione, facciamogli anche conoscere i nostri colleghi: dai discorsi che ascolterà, scoprirà che i suoi genitori, sul posto di lavoro, sono bravi, amati e stimati.

La nostra sparizione quotidiana diventerà così meno misteriosa e destabilizzante. I bambini potranno seguirci con il pensiero, immaginarci sul posto di lavoro, parlare con gli amici dell'attività del papà e della mamma. Capiranno l'importanza che il lavoro ha nella nostra vita, saranno orgogliosi di noi e meno dispiaciuti quando, la mattina, ci vedranno andare via.

Cerchiamo di essere più disponibili

Dalla scuola di mio figlio a casa nostra c'è un quarto d'ora di tram. In genere, trovo posto a sedere. Potrei starmene lì a chiacchierare con il mio bambino, e invece comincio a pensare a tutto quello che devo fare quando arrivo a casa: la spesa, il bucato, attaccare il bottone che manca al polsino della camicia. Io la chiamo la 'sindrome del post-it*': tanti bigliettini gialli appiccicati sul cervello che mi impediscono di godermi la compagnia del mio piccolo.*
(Federica, mamma di un bambino di 6 anni)

Ecco quanto suggeriscono gli esperti per non essere vittime della 'sindrome del *post-it*'.

Separiamo nettamente gli impegni dalla famiglia

Quando siamo al lavoro, concentriamoci su quello. Appena mettiamo piede in casa, lasciamo fuori della porta i nostri problemi di lavoro. La regola vale per tutti, papà e mamme.

Non portiamoci il lavoro a casa

Se necessario, è meglio fermarsi un'ora in più in ufficio. Quando arriviamo a casa troviamo il modo di dedicare del tempo, anche poco, soltanto ai bambini.
È meglio passare con loro appena mezz'ora, durante la quale però siamo totalmente disponibili, piuttosto che un'intera giornata mentre si è indaffarati in mille incombenze: colloqui, telefonate, computer, commissioni, pulizie e preparazioni varie.

- Applichiamo la più classica delle ricette: quella che stabilisce che non è la quantità di tempo che si trascorre insieme, ma la sua qualità a dare valore e significato a un rapporto.

- Se, alla fine della giornata, ci accorgiamo che la nostra mente è ancora altrove, aspettiamo un po' di tempo prima di mettere piede in casa, e diamoci lo spazio necessario per 'decomprimerci'.

Sediamoci su una panchina o limitiamoci a praticare una decina di respirazioni profonde. Fermiamoci a sfogarci con un amico, e decidiamo di entrare in casa solo quando la voglia di rivedere i bambini occupa la nostra mente.

Stabiliamo orari precisi

Se lavoriamo in casa, pur essendo sempre presenti, corriamo il rischio di non essere mai realmente disponibili per i bambini, e di essere perennemente 'in prestito'. Cerchiamo allora di stabilire un orario ben definito durante il quale lavoriamo, e riserviamo dei momenti nel corso della giornata durante i quali siamo a piena disposizione dei figli.

Ogni tanto, comunque, troviamo anche il tempo per dedicarci solo a noi stessi.

> *Uscire, trovare un po' di spazio per me, andare al cinema oppure chiacchierare al caffè con un'amica non è tempo rubato ai figli. È una boccata d'aria assolutamente necessaria per avere l'energia da dedicare alle bambine.*
>
> (Marina, mamma di due gemelle)

Delimitiamo i nostri spazi

Per riuscire a osservare un orario, è di grande aiuto delimitare uno spazio, un ambiente nel quale si lavora. Una stanza, lo scantinato o un ripostiglio sono le soluzioni migliori, ma in mancanza di queste è sufficiente delimitare un'area a noi riservata, mettendo un divisorio per isolare la nostra scrivania o anche solo un tappeto per terra che segni i confini della 'terra di nessuno' entro la quale è proibito entrare. Difendiamolo gelosamente dalle invasioni dei nostri bambini: devono sapere che quello spazio è protetto e che non possono disturbare la mamma o il papà quando vi lavorano. Una volta fuori del nostro spazio di lavoro, saremo completamente a loro disposizione.

Deleghiamo alcune responsabilità

«Mio marito non muove un dito.»

«Se non ci sono io, la casa va a rotoli.»

«I nonni sono bravissime persone, ma non mi fido a lasciarli soli con i bambini, nemmeno per un minuto.»

«I bambini? Non fanno nulla, non riesco nemmeno a far mettere loro a posto i giocattoli!»

Commenti come questi sono tutt'altro che infrequenti. Però, voler fare tutto da soli, sentirsi indispensabili, porsi obiettivi difficilmente raggiungibili, essere incapaci di delegare espone, prima o poi, al rischio di crollare, facendosi sopraffare da sentimenti di inadeguatezza, sommergere dall'angoscia di non riuscire a fare tutto e bene come si vorrebbe, insidiare dal male oscuro della depressione.
«La prima supermamma che ogni donna deve arginare è se stessa», scrive lo psicanalista Donald Winnicott: «Ogni mamma deve assolversi di più, concedendosi le attenuanti e la clemenza che prevede anche la legge più severa».

Spesso il papà sarebbe disposto a prendersi la sua parte di carico nella gestione dei bambini e della casa, ma glielo si impedisce perché non ci si fida: secondo gli standard di perfezione che ci siamo prefissati, non è in grado di attenersi alle nostre esigenze.
Ma che male c'è se il bambino esce assieme al suo papà con la maglietta stropicciata, dal momento che ci regala un'ora di assoluta tranquillità sul divano di casa?

Se invece abbiamo deciso di chiedere aiuto al nostro partner, ci sono diversi modi per farlo; non tutti però sono ugualmente efficaci.

- **La richiesta passiva.** «*Non so come me la caverò a casa, con tutto il lavoro che ho in ufficio...*» Più che una richiesta, è un lamento. Non si chiede nulla di specifico.
Si fa capire al partner che abbiamo un sovraccarico di lavoro, ma non si propone un modo concreto di come si potrebbe essere aiutati. Generalmente, questo tipo di richiesta cade nel vuoto.

• **La richiesta aggressiva.** «*Sai quante cose ho da fare, e tu non mi aiuti per niente!*» Si parte dal presupposto che l'altro 'sappia', anche se non se ne è mai parlato esplicitamente, e gli si addossa la colpa del superlavoro. La reazione istintiva è il contrattacco: «*Anch'io ho mille cose da fare e non ti chiedo niente!*»

• **La richiesta assertiva.** «*Ho tantissimo da fare in questo periodo: vorrei parlarne con te e rivedere la divisione delle incombenze domestiche.*» Questa è una richiesta esplicita di affrontare il problema per trovare una soluzione. A seconda delle disponibilità del partner, può sfociare in un litigio liberatorio oppure in un risultato positivo: «*Ti dò una mano*», «*Prendiamo un aiuto esterno*».

Spieghiamo i nostri sentimenti

Sopprimere le frustrazioni, ingoiare in silenzio, dissimulare per paura di affrontare lo scontro sono atteggiamenti che a lungo andare possono minare il nostro benessere. Tenersi tutto dentro rischia di condurre alla 'sindrome della pentola a pressione': quando si supera il limite, se non si ha una valvola di sfogo, si scoppia.

Inoltre, si accumulano tensioni, malintesi, incomprensioni, si alimentano rancori sotterranei che avvelenano i rapporti e che rischiano di esplodere in un furore incontrollato.

Per questo è necessario imparare a esprimere i propri sentimenti anche con i bambini più piccoli. I vantaggi sono numerosi.

• **Serve a fare chiarezza su ciò che vogliamo.** Quando parliamo di noi ai nostri figli, riusciamo meglio a mettere a fuoco i nostri pensieri, a esprimere le emozioni, a definire i valori.

• **Aiuta a farci capire dai bambini.** I bambini riescono a capire esattamente come stiamo, non sono costretti a indovinare ciò che vogliamo, sono pienamente consapevoli di quello che esigiamo da loro.

• **Incoraggia i bambini a essere sinceri.** La schiettezza è contagiosa, soprattutto in famiglia, dove non c'è bisogno di mascherarsi. Mettendo a nudo noi stessi, facciamo della famiglia un posto sicuro, dove tutti possono esprimersi in completa libertà. Crea un senso di solidarietà, di aiuto reciproco privo di competizioni, ripicche e dispetti.

• **Aiuta a prevenire i conflitti.** È questo l'obiettivo principale che si ottiene nell'essere franchi. Tutti sanno tutto di tutti: le manie, i desideri, le intolleranze, le preferenze e le antipatie.
Tensioni inespresse, sordi risentimenti, sofferenze silenziose non hanno modo di svilupparsi.
Prendiamo dunque l'abitudine di manifestare ai nostri figli non solo le nostre gioie, ma anche i nostri malumori, la difficoltà nel mantenere la calma, i sentimenti di irritazione che suscitano in noi, ricordandoci però di non accompagnarli mai con giudizi nei loro confronti.

«Oggi sono molto stanco e non sopporto il rumore: vorrei che giocaste senza gridare.»

«Non mi piace doverti chiamare tante volte prima di ricevere una risposta. Mi fa arrabbiare. Ti piacerebbe che facessi così quando mi chiami tu?»

«Quando tu e tuo fratello litigate, sono molto dispiaciuta. Vorrei tanto che riusciste a mettervi d'accordo e ad essere più comprensivi l'uno con l'altro.»

In genere, i bambini sono più invogliati a collaborare se si chiede il loro aiuto, e molto meno se vengono sgridati. Facendo leva sui loro buoni sentimenti, si ottengono sicuramente più risultati che sgridandoli, punendoli e arrabbiandosi con loro.

Trasmettiamo un'immagine positiva di noi stessi

Pur tra difficoltà e contraddizioni, per stabilire in casa un'atmosfera serena e rafforzare il senso di sicurezza dei nostri figli è importante cercare di trasmettere un'immagine positiva di noi stessi.
Spiega lo psicologo americano Carl Rogers: «Un genitore che non smette di 'buttarsi giù', che si lamenta in continuazione di essere in ritardo, incapace, confusionario, sfortunato, tradito da tutti, non offre un messaggio incoraggiante. Per trasmettere ai bambini un senso di autostima, dobbiamo mostrare di avere di noi stessi un'immagine positiva».

Questo non significa negare i nostri difetti, anzi. Ma nel presentare le nostre naturali e inevitabili debolezze dobbiamo cercare di non intaccare la fiducia che i nostri bambini hanno in noi, di non mandare messaggi pessimistici.
La cosa non è affatto facile. Presuppone che si sia sicuri e soddisfatti di sé e, in molti casi, questo è un obiettivo che si conquista con molta fatica. Possiamo comunque sforzarci di adottare comportamenti come quelli indicati qui di seguito.

- Evitiamo di lamentarci dei nostri difetti e delle nostre incapacità di fronte ai figli, e mettiamo in luce, invece, i nostri lati positivi.
- Facciamo notare le somiglianze positive, di carattere e di atteggiamento, che esistono tra noi e i nostri bambini.
- Troviamo l'occasione per raccontare la nostra vita e come abbiamo superato i momenti difficili. In questo modo daremo ai bambini la certezza di poter migliorare. Non fissiamoli in un ruolo: lui è pigro, l'altro è un mangione, il terzo è irruente. Facciamo notare i piccoli cambiamenti che riusciamo a fare in noi stessi, e quelli che loro sono riusciti a realizzare.

Ritroviamo i riti della nostra infanzia

Proviamo ad andare indietro nel tempo, sforzandoci di rivivere i momenti più significativi della nostra infanzia.
Dai ricordi emergono immagini forti, non tanto perché connesse a eventi straordinari, ma perché legate a momenti rituali, sia collettivi (come il Natale, il Carnevale o anche il derby di calcio cittadino) sia familiari (piccole cerimonie come la canzoncina della mamma prima di addormentarci, la capriola che il papà ci faceva fare ogni volta che tornava dal lavoro, le coccole pigre, tutti nel lettone, la domenica mattina).

«I riti impongono allo scorrere lineare del tempo modelli ciclici che ne scandiscono la ri-creazione e la trascendenza», osserva l'antropologa Charlotte Seymour-Smith. In altre parole, lo scorrere del tempo, da piatto, monotono, incolore e insignificante, assume significati forti che rimangono impressi profondamente nella mente perché animati da intense emozioni.

Al bambino non interessa passare tante ore accanto a una mamma che spadella in cucina o vicino a un papà inavvicinabile nascosto dietro le pagine rosa della 'Gazzetta dello Sport'.
Da questo rapporto non ricava che noia e solitudine. È più felice di avere una mamma e un papà che colorano i rari momenti che possono passare con lui con piccoli rituali capaci di trasmettere tutta l'intensità del loro amore e della loro attenzione.
Basta un gesto per rassicurare un bambino: ma è importante, perché questo gesto sia davvero rassicurante, che scandisca il tempo, lo ritualizzi, lo colori di emozioni.

Fin da quando i miei bambini erano piccoli, io e mia moglie abbiamo dato grande importanza ai riti della nanna: il bagnetto, il pigiama, la favola e le canzoncine, ma soprattutto il bacio della buonanotte, il segno della riconciliazione prima di partire per il 'viaggio' notturno.
Ci abbracciamo tutti quanti insieme: papà, mamma, bambini, e si 'deve' fare la pace, anche se qualche rancore serpeggia ancora dentro di noi. Può sembrare incredibile, ma la cosa ha sempre funzionato, come se il fatto fisico di baciarci e abbracciarci sciogliesse i nodi dei risentimenti. Il rito del 'facciamo pace' è ripetuto nelle occasioni di festa e la domenica, quando stiamo tutti insieme: è un modo per ricordarci, al di là delle sgridate e dei malumori, che ci vogliamo sempre bene.
(Filippo, papà di due bambini)

Esterniamo il nostro affetto

Cerchiamo di far sentire in modo concreto ai nostri bambini che li amiamo. Per loro è molto importante.

1. *Celebriamo il 'rito del ritorno'*

Arrivati a casa, per prima cosa facciamo festa ai nostri figli, abbracciandoli e baciandoli come se fossimo appena rientrati da un viaggio durato mille anni. Basta così poco per trasmettere a un bambino la gioia di rivederlo!

Quando la mamma torna dal lavoro io so l'ora e mi metto con la seggiolina vicino alla porta. Lei arriva e dice: «Ma di chi è questa bambina?»
(Stefania, 6 anni)

Il rientro a casa deve essere per tutti un momento di spensieratezza, l'evasione dalla routine, un attimo magico per celebrare la gioia dell'incontro. Spesso bastano pochi minuti di intensa attenzione per soddisfare la fame che i nostri bambini hanno di noi.
Una volta celebrato il rito, sono spesso i bambini stessi a voler ritornare ai loro giochi lasciandoci la possibilità di occuparci delle nostre incombenze: ascoltare le lamentele della baby-sitter, i consigli psicologici della nonna, fare l'inventario delle tazze rotte e tentare di sgorgare il lavandino otturato.

2. *Raccontiamoci la giornata*

Approfittiamo dei *momenti di passaggio*, il viaggio al ritorno da scuola o dalla lezione di judo, il momento del bagno, mentre stiamo ai fornelli, o aspettiamo le notizie del telegiornale, per chiacchierare con i bambini. Soprattutto, ascoltiamoli, senza preoccuparci di impartire insegnamenti, raccomandazioni o sgridate.

3. *Interessiamoci alle attività dei bambini*

Se i bambini ci parlano di qualche loro problema, mostriamo comprensione, senza emettere giudizi né fare rimproveri. Cerchiamo di creare un clima di complicità per favorire le confidenze. Un bambino deve sapere che può aprire il suo cuore, e per noi, d'altro canto, è un'occasione per capire i suoi problemi: i compagni lo prendono in giro? La maestra non gli piace? Piuttosto che presentare soluzioni preconfezionate, raccontiamogli come noi, da piccoli, avremmo affrontato lo stesso tipo di problema.

4. *Diamo una coccola 'gratis'*

I complimenti gratuiti e inaspettati sono quelli che più fanno piacere e stimolano a migliorare. I bambini percepiscono di essere amati e apprezzati senza condizioni né intenti educativi, e nulla più di questo può rafforzarli in quello che gli psicologi chiamano *senso di competenza.* Per una volta hanno la sensazione che l'elogio non sia legato a una nostra richiesta più o meno soddisfatta, ma a quello che loro fanno, liberamente, in quel momento.

L'elogio gratuito è uno sport raramente praticato dai noi genitori: in genere, eccelliamo invece nel biasimo.
Se ci rivolgessimo spesso ai nostri figli con lodi inaspettate, saremmo molto sorpresi dai risultati ottenuti.
In genere dedichiamo tutta la nostra attenzione al bambino se ci accorgiamo che è triste, o ha qualche problema. Ma se gli mostreremo interesse anche quando è di buonumore, qualunque sia la sua età ci accorgeremo che non avrà bisogno di ricorrere a pianti o sceneggiate per attirare l'attenzione.

Prendiamo quindi l'abitudine di andare da lui, anche quando gioca tranquillo, per fargli una coccola, chiedergli come va o che cosa sta facendo. Non importa quali parole sceglieremo: ciò che conta è esprimergli che siamo davvero felici di averlo con noi.

5. *Usiamo la lode piuttosto che il rimprovero*

Cerchiamo di pensare a quando è stata l'ultima volta che abbiamo lodato il nostro bambino.
Se non ce lo ricordiamo, bisogna porre un rimedio.

«Cosa farei se tu non ci fossi!»

«Mi piace tanto stare con te! Mi diverto un mondo quando fai mille domande!»

«Vieni subito qui, che mi scappa un bacio!»

Le lodi per un bambino sono come i raggi del sole per una piantina che cresce: non sono mai troppe. Facendo un conto, ci accorgeremo che rispetto alle lodi il rapporto tra rimproveri, lamentele, manifestazioni di stizza è pressappoco di 10 a 1. Per questo non bisogna temere di esagerare con le lodi. Le occasioni sono innumerevoli.

Passando nella stanza dei bambini, sforziamoci di chiudere un occhio sulle pile di vestiti accumulate in disordine nell'armadio, e complimentiamoci invece per come hanno disposto i loro libri sul tavolo.

Cogliamo l'*unica* occasione in cui i ragazzi sono andati a letto spegnendo le luci del bagno, e osserviamo con *noncuranza*: «*Ieri sera, rientrando a casa, sono stato molto contento di vedere che le luci del bagno erano spente*».

«*A volte mi fai veramente arrabbiare. Però ti voglio sempre bene. Tantissimo!*»

«*Non sono stato contento dei voti che hai avuto in inglese. Però so che quando vuoi sai impegnarti bene: sono sicuro che il prossimo compito andrà meglio.*»

La regola è piuttosto semplice: invece di lamentarci quando i nostri bambini fanno qualcosa che non va, elogiamoli tutte le volte che si comportano bene.

Probabilmente, all'inizio non troveremo molte occasioni per farlo ma, se ci sforziamo di osservare i nostri figli con occhi diversi, saremo sorpresi nello scoprire quanto siano numerose le occasioni per complimentarci con loro.
E comunque, cerchiamo sempre di volgere il negativo in positivo.

Dire però continuamente: «*Come sei bravo, come sei buono*» potrebbe dare l'impressione che il nostro non sia un vero apprezzamento. È importante invece non essere generici e lodare sempre un comportamento preciso.

«*Oggi sei stato veramente attento quando siamo entrati nel negozio, e non hai toccato niente.*»

«*Ho letto il tuo tema. Mi è piaciuto proprio il modo con cui hai spiegato il tuo punto di vista.*»

«*Oggi telefonerò alla nonna per raccontarle come sei stato gentile con tua sorella, quando le hai prestato la tua bicicletta.*»

Le 'regole' da ricordare

- Manifestiamo spesso amore per i nostri figli: abbracciamoli, baciamoli, facciamo loro festa quando li vediamo.
- Non permettiamo che rimangano rancori tra di noi: facciamo pace ogni sera e, una volta la settimana, con tutta la famiglia.
- Lodiamo il più spesso possibile i nostri bambini anche per piccole cose. Le nostre lodi non saranno mai abbastanza, e non faranno mai male.
- Lodiamo i nostri figli davanti agli altri.
- Se invece dobbiamo fare loro delle osservazioni, prendiamoli in disparte: spieghiamo loro ciò che non va, poi concludiamo ricordando le situazioni in cui si sono comportati bene e cogliamo l'occasione per ribadire il nostro amore, la nostra fiducia e la nostra ammirazione nei loro confronti.

Quanto si sente amato il tuo bambino?

Un bambino amato ha una buona immagine di sé. Per verificarlo, poniamoci, di tanto in tanto, le seguenti domande.

1. Prende delle iniziative? ❐
2. Mostra fiducia in se stesso? ❐
3. Si ama: gli piace vestirsi bene, trova piacere nel cibo, sa divertirsi...? ❐
4. Gli altri bambini gli vogliono bene? ❐
5. Si mostra socievole? ❐
6. Mostra di non cercare continuamente delle rassicurazioni? ❐
7. Ha un buon senso dell'umorismo? ❐

- Se la risposta ad almeno cinque di queste domande è affermativa, possiamo stare tranquilli: il bambino riceve tutto l'amore di cui ha bisogno.
- In caso contrario, con qualche attenzione in più, potremo renderlo più autonomo e sicuro di sé.

Bibliografia

M. Bernardi *Il nuovo bambino*, Milano Libri, Milano

B. Bettelheim *Dialoghi con le madri*, Edizioni di Comunità, Milano

B.T. Brazelton *Ascoltate il vostro bambino*, Mondadori, Milano

B.T. Brazelton *Quando torni?*, Frassinelli, Milano

F. Dolto *Il gioco del desiderio*, Mondadori, Milano

S. Giampino *Le mamme che lavorano sono colpevoli?*, TEA, Milano

T. Gordon *Genitori efficaci*, La Meridiana, Bari

C.L. Jewett *Helping children cope with separation and loss*, Harvard Common Press, Boston

A. J. Solter *Tears and Tantrums*, Shining Star Press, Goleta, California

Indice

7 **Perché questo libro**

11 **Divisi tra lavoro, figli e ruoli**
12 Le radici del senso di colpa
15 Una ricerca lunga e significativa
16 Due grandi malintesi
17 I nuovi papà

21 **Quando ci si sente inadeguati**
24 La sindrome del 'poverino'
24 I miti da sfatare

29 **Saluti, distacchi, ricongiungimenti**
31 L''ansia da separazione'
32 La mamma si sposta, non sparisce
32 «Perché piangi?»
35 Il mondo 'mammizzato'

38 **«Mamma, papà, non andate via!»**
39 Come congedarsi: gli errori da non fare
43 Come evitare scenate
47 Le frasi che peggiorano la situazione
49 L'arte di rassicurare un bambino

52 **A chi affidare i bambini**
53 Il momento più adatto per il distacco
54 A quale età?
54 I requisiti per un'assistenza di qualità
56 Alcune questioni preliminari

58 Se si sceglie la baby-sitter
59 Se si scelgono i nonni
60 Se si scelgono i micro-nidi
61 Se si sceglie un asilo

65 **Baby-sitter e nonni**
67 Come scegliere la baby-sitter
72 Le frasi che i genitori non sopportano
73 La fortuna di avere un nonno

77 **Il bambino fuori casa**
78 Gli accorgimenti per un buon inserimento
80 Storie di ordinaria difficoltà
83 Come ristabilire il dialogo
85 Le frasi che non funzionano

87 **Le ripicche: musi e capricci**
88 Che cosa si nasconde dietro un capriccio
90 I segreti per non farsi ricattare

95 **Conciliare gli impegni con l'amore per i figli**
96 Parliamo con il bambino dei nostri impegni
98 Cerchiamo di essere più disponibili
101 Spieghiamo i nostri sentimenti
102 Trasmettiamo un'immagine positiva di noi stessi
103 Ritroviamo i riti della nostra infanzia
104 Esterniamo il nostro affetto

109 **Bibliografia**